上海教育出版社　江苏第二师范学院

学校管理

第六辑

2024 No.6

地　　址：南京市北京西路 77 号

电　　话：025-83758200

电子邮箱：njxuexiaoguanli@126.com

图书在版编目（CIP）数据

学校管理. 第六辑 / 江苏第二师范学院主编.
上海：上海教育出版社，2025.1. — ISBN 978-7
-5720-3342-1

Ⅰ. G47

中国国家版本馆CIP数据核字第2024L2M062号

策划编辑　刘美文
责任编辑　马丽娟　周　伟
封面设计　陆　弦

学校管理　第六辑
江苏第二师范学院　主编

出版发行　上海教育出版社有限公司
官　　网　www.seph.com.cn
地　　址　上海市闵行区号景路159弄C座
邮　　编　201101
印　　刷　上海盛通时代印刷有限公司
开　　本　787×1092　1/16　印张 5.25
字　　数　108 千字
版　　次　2025年1月第1版
印　　次　2025年1月第1次印刷
书　　号　ISBN 978-7-5720-3342-1/G·2979
定　　价　15.00 元

如发现质量问题，读者可向本社调换　电话：021-64373213

卷首语

究竟何谓教育治理

当前在教育领域，"教育治理"或"学校治理"这样的概念使用得比较普遍，其含义一般被理解为在学校教育活动中要实行民主协调、多元共治，达到善治，更好地实现学校教育的目标。笔者认为这样理解教育治理是不全面的。

在教育领域中使用"治理"这个概念，并像上述那样理解教育治理，一般认为是源于公共管理中对治理的认识。那么，公共管理中究竟是怎样理解治理的呢？研究发现，20世纪90年代后，治理这个概念被广泛运用于公共管理领域，其在公共管理领域的理解一般有如下几种：有学者认为治理是调解那些竞争或冲突各方的治理制度和程序；有学者认为治理不是政府运用其机构和机制对各方进行统治和强加，而是主张政府与各方相互影响和与相关方面互动；有学者将治理扩大到政府以外的私立机构和公立机构，强调治理是在管理事务过程中，使不同利益相冲突的各方做到联合或调和；也有学者认为治理是政府和各级各类组织，采取民主和多元的形式运用权力做出决策；还有学者认为治理的目的是要做到"善治"，以使公共利益最大化，为此要强调政府和社会、市场和公民的良好合作和互动。

从以上学者对公共管理中的治理的理解可以发现：从表面看来，公共管理中的治理似乎强调的是民主协调和多元共治等方面的内容，但由于在公共管理中进行治理时，这种治理不可能与公共管理中的管理完全脱离开来，而是与管理存在这样或那样的联系，它是管理中的治理，或者说是治理中的管理。公共管理中的治理之所以要兼顾管理和治理两个方面，还有一个最基本的原因是，公共管理的兴起是为了应对市场失灵和政府失灵所带来的社会危机。运用治理中管理这种手段可以解决市场不能实现资源的有效配置问题，而运用治理的方式可以消解政府权力的膨胀。由以上分析我们可以认识到，治理和管理不是对立的，管理在控制或管控的同时，还要采取合作、协调等方式来进行管理才有可能实现公共利益最大化。看来以往人们对公共管理中的治理只是强调民主协调和多元共治等的理解是对治理的一种误解。而在教育治理中，将教育治理仅仅理解为民主协调、多元共治，而忽视教育治理中的管理，也是一种误解。

上述公共管理中对治理的理解源于治理的本义。关于中国文献中治理的本义，笔者查阅了《说文解字》《东方治理学》《辞源》《辞海》《汉语大词典》《管理学大辞典》等经典文献，将这些文献中对治理的释义进行比较系统的考察后发现，治理的本义包含了管理和治理两个方面，而不只是治理。而在西方文献中，笔者查阅了《牛津简明英语词典》(*Concise Oxford English Dictionary*) 中治理的本义，发现英语中的治理"governance"来源于"govern"一词，而且古典拉丁文中的治理"gubernare"、古法语中的治理"governer"和古希腊语中的治理"kubernan"都与英语"govern"有关，其本义也含有管理和治理两方面的意思。除此之外，笔者还考察了法国政治学教授让-皮埃尔·戈丹所著的《何谓治理》，这本书对治理的本义进行了比较深入和系统的研究，讲述了治理的本义在美国和法国等国是如何演变的，发现治理的本义也是有管理和治理两方面的意思。

通过以上分析可见，将教育治理仅仅理解为民主协调和多元共治确实是不全面的。在教育治理中，我们不仅要重视民主协调和多元共治的一面，同时还要注重管理或管控的一面。只有这样才有可能搞好学校的教育和教学工作，全面完成学校的教育任务，实现学校的教育目标。

浙江外国语学院教育治理研究中心主任、教授　孙绵涛

目　录

丹心一片培桃李，诚志满怀育栋梁

◎ 田光宇 / 江苏省曲塘高级中学

江苏省曲塘高级中学始建于1952年，原校址系"联抗"的成立地，毗邻著名红学家、文学家、作家蒋和森故里。学校两易校址，五更校名，由最初占地面积864平方米、2个班、122名学生、4名教师、9名校工逐步发展壮大，到现在学校占地面积达85333平方米，总建筑面积达78187平方米，有46个班、2068名学生、283名专任教师。学校集天人合一的校园景观与品位高雅的人文环境于一体，被誉为南通教育的"西窗口"。2023年12月，江苏省教育厅发文批准学校为江苏省高品质特色高中建设立项学校。

多年来，学校始终秉承"平民本色，精英气质"的办学理念，坚持走以人为本的特色化办学之路，围绕师资队伍、特色德育、特色课程等项目建设，全力打造适合学生发展的高品质校园文化，努力培养具有一等人品、一等学识、一等体魄的社会主义建设者和接班人。

一、三大项目建设

（一）丹诚进取的师资队伍

南朝梁沈约有"曲中有深意，丹诚君讵知"的诗句。我们提取其中的"丹诚"二字，形成独特的"丹诚"教师团队。"丹"即红色，"诚"即真诚。丹心一片培桃李，诚志满怀育栋梁。我们以中华优秀传统文化为根基，汲取人类文化精华，以师德固本工程、扎实学识工程、科研助力工程开展团队建设，建构具有传统根基、国际视野和曲中特质的校园文化，积极引导教师的自觉认同，培育勇于担当、乐于奉献、善于合作、丹诚进取的师资队伍。2024年11月，学校丹诚"四有"好教师团队入选南通市第四批"四有"好教师建设团队。

（二）正己利他的特色德育

习近平总书记强调："要把立德树人融入思想道德教育、文化知识教育、社会实践教育各环节。"学校坚持打造"学会关心"特色德育，以正己为基础，以利他为延伸，提升学生的素养品质，引导学生关心他人。学校利用不同层面的教育渗透，将德育工作融入日常学习生活中，培养学生的健全人格和健康心理，让学生更加懂得关心，学会关怀。2023年12月，江苏省教育科学"十四五"规划课题"'和合共生'引领下'学会关心'德育实践研究"结题。

（三）"五育"并举的龙舞课程

学校将非遗文化与特色课程相结合，把海安地区流传的龙舞引入校园，以海安罗汉龙、曲塘苍龙、扁担龙为蓝本，开发适合师生的龙舞、龙文化体验、手工扎龙等特色课程。龙舞课程旨在践行习近平总书记提出的"享受乐趣、增强体质、健全人格、锤炼意志"四位一体的学校体育目标。基于此，学校将龙舞课程目标确定为育德、育心、育智、育美、育体五个维度。

学校教师龙舞队参演的大型舞蹈《通江达海》获评南通市民间歌舞项目一等奖。2023、2024年，学生龙舞社团两次参加江苏省青少年舞龙舞狮锦标赛，均获一等奖。投资200万元的江苏省非遗龙舞课程基地已经建成，2024年9月已正式投入使用。

二、五项发展规划

（一）深化课程改革

以"丹诚教育"思想统筹课程建设，进一步开发"关心教育""红学研究""非遗传承"等特色课程，实施跨学科课程整合，形成可示范、可操作、可推广的教学范式，深入挖掘特色课程的艺术价值、美学价值，凸显其育人功能。

（二）拓展实践平台

充分利用地方特色和社会资源，开展"双高"合作和国际交流，打造实践体验基地（工作坊），拓展实践平台，丰富校园文化，开阔学生视野，为学生提供更丰富的实践体验机会。

（三）打造师资队伍

加强师资队伍建设，提高教师的认识、实践、引领能力，常态化开展社团活动，发展壮大特色项目教师队伍，采取"引进来"和"走出去"的策略，邀请知名专家、学者到校讲学和现场指导，定期派遣教师到高校、科研院所进行学习培训，鼓励教师开展相关课题研究，并给予一定的奖励。

（四）创新评价机制

建立学生综合素质评价体系，采取过程性评价、表现性评价和发展性评价的方式，全面评价学生的行为表现。激励学生积极参与项目活动，将学生的优秀作品以图文的形式发表于《春柳》校刊、学校公众号，让学生的学习有体验感和获得感。

（五）形成辐射影响

定期开展主题研讨活动，承担兄弟学校的跟岗轮训，为合作交流学校提供优质学习资源，与云南、广西等地创新构建教育合作机制，派遣教师赴省内外学校输送先进教育理念与教学方法，大力支持贫困地区教育发展。学校的做法得到社会各界以及领导的高度认可。

展望未来，江苏省曲塘高级中学定能咬定"平民本色，精英气质"的办学理念，高举"丹诚"育人旗帜，彰显人文办学特色，全面贯彻落实党的教育方针，落实立德树人根本任务，牢记"为党育人、为国育才"的初心使命，为建设教育强国增光添彩！

【作者简介】田光宇，男，江苏省曲塘高级中学书记、校长。

指向人文素养培育的高中课程体系建构的创新探索

◎ 王　辉　曹建平 / 江苏省曲塘高级中学

摘　要　学校课程是一个国家或地区的教育系统实现其教育目标的重要载体，在培育学生人文素养中发挥关键作用。江苏省曲塘高级中学基于厚重的办学历史和乡土文化传统，着眼学生的长远发展，架构普通高中人文素养课程体系，并在校园文化、教育理念、学科融通、育人方式、评价模式等方面实施强有力的举措和变革，以文化人、以文育人，从而探索形成适合高中生人文素养发展的理论模型和实践样态。

关键词　人文素养培育　课程体系建构　创新探索

2019 年，国务院办公厅印发的《关于新时代推进普通高中育人方式改革的指导意见》中明确指出，高中课程要强化综合素质培养，统筹课堂学习和课外实践，提升人文素养和科学素养。江苏省曲塘高级中学（以下简称"曲中"）依托学校所处区域独有的红色文化和乡村文化，持续推进"人文教育"理论的研究与实践，积极构建"人文教育"特色课程体系，推动学校在厚重历史和现代文明的交织中蝶变。

学校秉持"平民本色，精英气质"的办学理念，持续推进"人文教育"办学实践。其规划源于自身的传统和乡土文化，并从精神发展史中汲取智慧和营养，守正创新，继往开来。学校的人文课程希冀立足于厚重的乡土文化，同时注重中华优秀传统文化、革命文化和社会主义先进文化的传承与创新教育，通过文化来滋养人、濡染人、影响人，进而实现以文化人、以文育人的课程目标。

一、高中人文素养培育的理论依据

（一）人文素养的内涵

"人文"的说法发端于《易经·贲卦》的象辞上，所谓"刚柔交错，天文也；文明以止，人文也。观乎天文以察时变，观乎人文以化成天下"。儒家以仁为核心，重人文教化，关注人安身立命的精神。随着时代的发展，人文的内涵也在不断演变，旨归是以人为本，充分尊重人的生命价值。有学者指出,人文素养即"学生在学习、理解、运用人文领域知识和技能等方面所形成的基本能力、情感态度和价值取向"[1]。人文素养包含人文精神、人文教育、人文科学等方面,不仅涵盖文、史、哲、艺术等传统人文学科,而且还聚焦学生伦理道德、人生价值、审美情趣、人格气质等层面的培养,更在协作能力、团队精神上做深度培育。[2]

(二)人文素养的价值追求

习近平总书记在全国教育大会上指出,要全面加强和改进学校美育,坚持以美育人、以文化人,提高学生审美和人文素养。这一重要论述为教育教学工作指明了方向。无论是增强国民文化自信,还是建设社会主义文化强国,都必须提升全体国民整体人文素养。高中阶段是人生中的一个重要阶段,在此阶段培养学生的人文素养尤为关键。

二、普通高中人文课程体系的构建

学校的课程规划是一个文化寻根的过程,也是面向未来文化发展的过程。曲中人文课程的规划围绕人文素养培育这一核心,秉持"以知识涵养学生,以人文关怀学生"的总体目标,建构适应时代发展和契合校情的全方位多层次课程结构和评价体系。

(一)架构指向人文素养的课程体系

学校人文课程体系包含基础类、拓展类和研究类三大类人文课程。基础类人文课程是指国家课程中必修模块、选择性必修模块中规定的课程,关注人才培养的共性要求和基本准则,面向全体学生的素养培育,让学生具备一个中国人所必须具备的家国情怀、文明教养和文化认同,促进学生的身心健康、品学兼优,为一个"完整而成长"的人奠基。据此,学校开设了课标教材人文课程、人文素养类课程和人文思政类课程。[3]

拓展类人文课程为学生提供丰富的课程供给,满足学生个性化、多元化的学习需求,指向选修学生的个性发展。拓展类人文课程分为学科内拓展人文课程和跨学科拓展人文课程两类。学科内拓展人文课程由各学科教研组协同名师工作室共同开发,通过情境设置、问题驱动和活动体验来加深学生对本学科知识的深入理解,让学生亲身参与获得学习体验和新的认知,培养学科素养。跨学科拓展人文课程致力于学科融通,由名师和专家组成导师团,开发相应课程,力求打通人文学科间的藩篱,激发学生的兴趣爱好,培养学生质疑和探索的精神,协助学生形成科学的知识体系,达到触类旁通、融会贯通的境界。

研究类人文课程分为文化共建类课程和创新写作类课程,是为在人文学科方面有浓厚兴趣和扎实基础的学生准备的,指向创新拔尖人才的培养。文化共建类课程依托学校现有的江苏省双语阅读课程基地和"国际理解学校"的称号,开设中西方文化交流、中英经典阅读等课程,构建全语境的学习场域,由双语向所有学科辐射,引导学生自主阅读,深度学习。创新写作类课程是指由学生构思、策划,在导师的方法指导和训练下进行的满足现实需要的创新课程。各种写作任务提升了学生的高阶思维和创新思维，培养了学生解决复杂问题的能力。

（二）建设人文素养课程体系的具体内容

人文课程是以博学善思、视野开阔、身心和谐、志趣高雅、精神明亮为培养目标，通过设置乡土传统、人文底蕴、文化共建、身心成长、非遗文化五类课程促进学生自主发展及培育学生人文素养和解决问题的能力，并以八大高校构成的人文素养培育中心为依托设计育人课程结构。

1. 乡土传统类课程

"联抗"在曲中老校区建革命基地，这里也成为全校师生的精神圣地。青墩文化是我国新石器时代的一种文化，是江海平原和江淮东部原始文化最重要的代表。荷韵文化则是学校文化的重要组成部分。学校就近取材、因地制宜，充分挖掘地方传统乡土文化，包括红色革命文化、青墩文化和荷韵文化，开发乡土传统类课程，让学生传承和发展乡土文化，培养学生的家国情怀。

2. 人文底蕴类课程

人文底蕴是人类文化中的精神瑰宝，是学生在学习、理解、运用人文领域知识和技能等方面所形成的基本能力、情感态度和价值取向。人文底蕴类课程有利于培养学生的人文情怀和审美情趣，帮助学生塑造精神气质、理解民族文化，使学生形成文化认同并内化。

红学家蒋和森是江苏南通曲塘人，曲塘人研究其人其学问可谓是得天独厚，学校筹建红学馆得到先生后人的大力支持。红学研究既可以激发学生阅读古典名著的热情，培养良好的阅读方法和习惯，也有利于培养学生的思维品质和文学审美能力。

3. 文化共建类课程

文化共建指中外文化的交流合作。曲中是江苏省双语阅读课程基地和国际理解学校，其凭借自身优势，通过文化共建，开阔了学生的国际视野；通过借鉴国外文化中的优秀因子，传播平等、互鉴、对话、包容的文明观，展示中华文明的灿烂成就和中华文化的世界意义。

4. 身心成长类课程

身心成长既要让学生有强健的体魄，又要有健康的心灵。所谓"文明其精神，野蛮其体魄"，就是帮助学生建立强大的内心，拥有积极乐观的人生态度，让个人价值更好地实现。

5. 非遗文化类课程

非物质文化遗产承载着历史记忆，延续着文化血脉，具有厚重的文化内涵。非物质文化遗产不仅呈现艺术的国粹之美、中华文化的多样之美，还涵养传统文化精神品质，有助于提高学生审美能力和人文素养。学校持续推进"非遗进校园"活动并作为课程固定下来，对学生进行审美教育和生活教育。这些活动激发了学生学习传统文化和民间技艺的热情。

三、高中人文学科培育学生创新素养的实施路径

在新课标、新教材和新高考的时代背景下，教育者须转变教育观念，在课程建

构、教学方式、创新发展等方面实施一系列有力的举措和变革，实施路径如下：

（一）文化引领，营造浓郁的文化氛围

学校加强校园文化建设，提升校园文化品位，以特有的"联抗"红色革命文化和蒋和森红学文化为基石，延续曲塘镇崇文尚武的优良传统，提炼出忠诚、儒雅的品格作为学校文化的底色，打造具有红色印迹的物性人文景观，让学生身临其中，耳濡目染，在心灵深处获得文化认同，建立文化自信，以昂扬向善的姿态迎接每一天的到来，激发学生学习的内驱力和热情。

（二）更新理念，推进人文与学科教育的和谐发展

长期以来，学校教育面临高考升学的压力，往往出现一种"轻文重理"的思想，造成教育上的短视。事实上，无论是训练学生的思维还是提高他们的语言表达能力，不注重人文素养的培养是不可能教好学生的。学校要贯彻人文素养教育的理念，让师生清楚其重要性，对待各门学科都一视同仁，不顾此失彼，不厚此薄彼。

（三）学科融通，构建人文精神培养高地

单一学科教学易产生墨守成规、画地为牢的现象，学生所掌握的知识不系统，缺乏学科之间的有效联系，会牢牢禁锢个人的想象力。要有计划、有步骤地实施学科融通，比如先在某些学科尝试，再逐渐扩大范围，应用到所有学科，适时进行跨界学习，不断拥抱新的变化，不断适应新的环境，不断更新新的信息，对周围的事物具有开放思维，生成新生元素，激活学

科知识之间的联系，从而增强对教材课程的认识，优化学生的知识结构，融会贯通并形成体系。

注重学科融通，以人文素养为纲，指向问题的解决。精心设计情境，将人文素养贯穿到所有学科中去，践行社会主义核心价值观，找准切入点，打破学科壁垒，获取综合性知识，进行整合与优化，优化解决各类问题，拓展学生探索的广度和深度。有意识地拓宽学生视野，加强人际交流合作，给予人文关怀，加强人文修养，培养健全人格，让学生在学业竞争中既勇猛拼搏又温良谦和。

（四）自主学习，创新人文教育育人方式

自主学习是指在教师的引导下，学生面对高难度、具有挑战性的学习任务或项目主题，能全身心投入、主动探究，关注生产生活，学会知识迁移，真正理解学科知识在解决现实问题中发挥的作用，得到鲜活而深刻的学习体验和生命感受的学习过程。人文素养的培育不是对学生进行强行灌输，而是引导学生关注生活、热爱生活，培养高阶思维和创新意识，在遇到问题时智慧从容地去解决。学校不断创新培育人文素养的举措，努力推动育人方式的转型：牢牢抓住思政课、主题班会课的课堂主阵地，组织进行诸如"大凉山"义卖捐献、志愿者行动、曲水流歌等主题实践活动，同时在每年的校园艺术节、宿舍文化节上鼓励学生创作课本剧、话剧等（邀请专业艺术团体加工指导）进行表演。在课堂上运用人工智能等技术来创设真实情

境，培养学生创新素养和解决实际问题的能力。

在社会实践活动方面，让学生全程参与、自主管理，自己策划活动方案并组织实践，学校给出指导和意见，帮助学生运用日常知识处理一般性事务，用批判性思维思考问题，强调合作协同，注重体验。尊重学生个性，鼓励学生利用在线学习的方式与外界交流沟通，主动学习构建知识体系，汲取中外文化的精华，实现因材施教式的个性化学习。

（五）与时俱进，完善人文素养课程的评价模式

学校过去的教学评价大多注重学生的学业水平，以结果性评价为主，评价相对滞后，这种单一的评价方式难以反映学生的真实状况。新时期学校以中共中央、国务院印发的《深化新时代教育评价改革总体方案》为导向，牢固树立科学成才观，引导学生践行社会主义核心价值观，针对学生人文底蕴形成状况，主张采用结果性评价、表现性评价和过程性评价相结合的

多元教学评价模式，创新德智体美劳过程性评价办法，完善综合素质评价体系，反映学生的真实发展。

学校还搭建课程综合评价线上平台，建立了完整、科学、多元的质量评价制度，确保学校课程的优化和教育质量的提升。建立、健全学生综合素质档案，进行全面评价、过程评价、客观评价，提高综合素质评定的公正性和可信度，发挥学校党团、学生组织的作用，以评价改革为突破口，把双语教育、艺术教育、心理教育、"非遗"活动纳入人文素养课程，把构建特色校园文化作为人文教育的支撑，整体构建"五育"并举的教育体系，在找准学科课程实施基点的同时，融入文化观念、爱国主义和乡土情怀，培养学生良好政治素质、道德品质和健全人格，成就学生获取文化的幸福感。

【作者简介】王辉，男，江苏省曲塘高级中学科研处副主任，一级教师；曹建平，男，江苏省曲塘高级中学科研处主任，高级教师。

参考文献

[1] 王泉泉，刘霞，莫雷，等.中小学生人文素养的内涵与表现水平研究 [J].北京师范大学学报（社会科学版），2022（1）:46—54.

[2] 吴伟钢.指向人文素养的高中特色课程体系的构建 [J].华人时刊（校长），2023（4）:28—29.

[3] 顾庆华.提升县域普通高中德育工作实效 [J].江苏教育，2003（28）:59—61.

"多师教学法"在非遗龙舞课程中的应用研究

◎ 邵建生 / 江苏省曲塘高级中学

摘　要　创建特色课程离不开适切的方法。江苏省曲塘高级中学基于"守正创新"的创建思路，采取"引进来—留下来—创特色"的行动策略，以"一课多师"与外聘教师合作的形式，深度参与龙舞课程的教学、排练、表演、竞赛等活动，为省级课程基地创建提供经验与思路。

关键词　多师教学法　非遗龙舞　校本课程　应用研究

2019年，江苏省曲塘高级中学引入非遗龙舞项目，开发非遗龙舞校本课程。开始的龙舞课也与传统体育课一样，由外聘教师独立授课，传授苍龙舞（女生）和罗汉龙（男生）。当学生对龙舞课的新奇感消退之后，龙舞课堂有些混乱，经常出现秩序嘈杂、逃课的情况。为此，学校采用"多师教学法"，由本校教师介入龙舞教学，通过多师合作教学共同实现教学任务。本文以"多师教学法"的应用为研究对象，反思非遗龙舞特色课程的创建成效，以期为省级课程基地创建提供经验与思路。

一、"多师教学法"在非遗龙舞校园传承中的应用依据

（一）"多师教学法"是合作学习理论在教学中的实践产物之一

1. 合作学习理论的发展脉络

20世纪70—80年代，合作学习兴起于美国，传播到他国后的称谓不一，欧美称作"合作学习"，苏联称"合作教育学"，我国则叫作"合作教学论"，合作是其共同的观念，与传统教学观有着明显的不同。[1]合作学习是一种结构化、系统化的学习策略，在现代班级制教学环境下，主推基于小组规模的合作，一般由2—6名学生组成一个学习小组，依据互助互补、共同探究、共同进步的学理逻辑来组织学习活动。非遗龙舞课程实行走班制教学，3个行政班90多名学生同上一节课，一名教师显然很难应对，于是就形成了由2—4名教师同上一节课的形态。这种教学者层面的教师小组与学生学习小组的合作逻辑相同，属于合作学习理论中的师师合作关系。

2. "多师教学法"是合作学习理论的拓展性应用

如果说欧美地区的合作学习突出学的主体地位，注重生生合作关系，那么我国

的合作教学论则是以全员互动为特征的合作学习，兼顾了教师主导地位和学生主体地位，强调所有教学动态因素之间的互动合作，即生生互动合作、师生互动合作、师师互动合作。[2]"龙舞传人＋体育老师"的授课方式，显然属于师师互动合作的表现形式，相对于常见的一课一师，是一种教法上的完善。照此应用逻辑，一课多师的方式也可以应用于家校合作、家校社合作及教联体合作等领域之中。

（二）学校协同育人机制产生"多师教学法"的应用需求

1. "多师教学法"与现代学校办学体制相生相伴

学生的集群化、教师的专业化和学校课程的体系化，决定了学校教育群体性合作、课程化育人的基本属性。有经验的学校十分重视教研组、备课组的群体合作，有经验的班主任也会注意任课教师之间的协调工作，这些都属于多师合作的范畴，只不过这种课外合作关系建立在宏观育人层面上，教师个人的合作意识极易被繁杂的教学任务所钝化。

2. "多师教学法"在教学实践中屡见不鲜

比如教学基本功比赛，在一节优秀课的背后，几乎都存在一个磨课团队，授课教师等同于表演者，其余皆是幕后英雄。在体育、艺术教学活动中也不乏多师合作的例子。体育的大课间活动、跑操、广播体操，艺术活动中的舞蹈、合唱和表演节目的联排，都离不开台前幕后的合作。只不过这些场景的合作具有临时性和随意性，

参与的合作者偏重组织管理或事务协调，合作教学的角色意识不持久。

3. "多师教学法"的应用研究逐渐增多

随着网络教学、远程异地教学需求的增加，由线上教师和现场教师合作的双师协同教学备受关注。其主要研究同步课堂对学生的课业成绩、创新精神、实践能力等方面的影响效果。[3]正是受双师教学、双师课堂等研究的启发，我们发现非遗龙舞课程的多师教学也有亮点，其中的分工协作、教学管理、课程评价等系列做法，也可以作为有创新点的教学方法来研究。这不仅可以让我们的龙舞教学提质增效，而且也能为其他非遗文化的校园传承探寻路径。

二、"多师教学法"在非遗龙舞校园传承中的应用价值

（一）以"多师教学法"助力非遗龙舞的校园传承

1. "多师教学法"有利于非遗龙舞尽快适应校园传承环境

贴上"非遗"的标签，表明龙舞属于中华优秀传统文化，值得被传承。能尽快适应现代校园的教学环境，是龙舞落地生根的关键因素。学校外聘的龙舞教学团队，平均年龄在60岁，他们通晓非遗龙舞技艺，却并非人人都懂课堂教学，他们很难驾驭一大群活泼好动的高中学生。多师教学由外聘教师负责动作技能教学，本校教师负责教学流程与秩序管理，使龙舞教学持续稳定地进行下去，普及性教学夯实了

龙舞校园传承的群众基础，培养了一批批满足后续龙舞活动需要的各类型人才。只有能教得下去、演得起来，龙舞项目才能在曲中的校园里生根发芽。

2."多师教学法"有助于非遗龙舞尽快与校园文化相融合

引进之初的龙舞课好似外来物种，本校教师只是旁观者；后来要管好自己的学生，本校教师就成了协助者；之后随着龙舞表演、交流活动的增多，他们渐渐成了龙舞课的合作者；再随着龙舞交流、龙舞课题、竞技舞龙等活动的增多，他们逐渐变为龙舞校本课程的建设者。其实，从龙舞校园传承的角度来说，曲中的教职工也同样是传承对象，学生常换教师常在，教会教师相当于开辟了一块稳固的"根据地"。多师教学的融合作用，将陌生的非遗文化转化为亲近的校本特色，可以避免传承中断。

（二）以"多师教学法"助力非遗龙舞课程质量的提升

1.应用"多师教学法"提升非遗龙舞教、学、练的效果

龙舞课程是一项跨学科融合型的育人平台，兼具文化、艺术、体育及社会实践等课程的内容。多师合作、各显其能，才能保证龙舞课程活动的质量。比如，体育教师可在舞龙教学中发挥所长，艺术教师可在龙舞编排、音乐配器、服装配饰方面发挥作用。非遗传承团队带来了龙舞文化、龙舞编导、龙舞活动策划方面的人才与人脉，本校教师在课堂教学、龙舞节目排练、龙舞表演的管理方面给予配合，使曲中龙舞传承活动持续六年未中断。

2.应用"多师教学法"提升非遗龙舞演、赛、研的水平

"多师教学法"在微观层面是一种合作型教法，在宏观层面则是一种合作办学的策略。曲中外聘非遗龙舞教学团队、外联高校社团，就是一种合作办学的态势。

一是2019年与本地非遗教学团队合作。第一步是开设龙舞普修课，提出"人人会舞龙，师生同舞龙"的创建口号。第二步是组建龙舞社团和校级舞龙队，培养龙舞交流、表演的骨干人才。第三步是组织社团活动，进社区、登舞台、参加春节巡演，向社会展示曲中龙舞特色课程。第四步是宣传推介龙舞课程教学成果。从校园网、公众号到报刊、电视、融媒体，龙舞课程系列活动先后吸引了30多家新闻媒体的关注，非遗龙舞成为曲中的特色名片。

二是2020年与南京邮电大学合作。南京邮电大学龙狮社团带来精彩的罗汉龙、荷花龙、彩带龙及狮舞表演，让刚刚接触龙舞的本校师生大开眼界，点燃了学练龙舞、传承龙舞的热情。2022年，曲中与南京邮电大学签订了龙舞项目合作共建协议，在非遗龙舞的龙文化研究、人才培养与成果共享等方面展开合作，帮助曲中创建江苏省非遗龙舞课程基地项目。

三是2023年曲中加入江苏省龙狮运动协会，并与南通大学龙狮社合作，进入竞

技舞龙领域。2023年和2024年，学校舞龙队参加江苏省青少年舞龙舞狮锦标赛，获得高中组固定套路一等奖，创意龙舞项目二等奖；2024年锦标赛新增了彩带龙、竞速舞龙项目，学校舞龙队获彩带龙项目一等奖。2024年获得一等奖的10名学生，可申请龙舞项目的国家二级运动员证书，这在曲中体育史上是一次重大突破，极大地增强了龙舞课程对学生的吸引力。

三、"多师教学法"在非遗龙舞校园传承中的应用逻辑

（一）应用"多师教学法"可形成非遗龙舞传承的良性循环

以绩效考评制度替代行政命令。非遗龙舞教学中的多师教学存在了5年多，学校层面针对体育教师的绩效考评制度经历了不计算工作量—计算龙舞活动工作量—建立龙舞课程绩效评价细则—建立体育工作绩效考评细则的发展过程。"多师教学法"的促进作用可谓功不可没。学校领导认识到"做事靠命令、考评讲奉献"并不符合合作学习中的关系结构理论，很难维系长期的良性合作关系。本校教师在多师合作中的角色状态也随着评价制度而改变，由旁观者到参与者到协助者到共建者再到创建者。这就是应用"多师教学法"产生的良性共振效应，表现为多师教学状态、领导重视多师合作关系、调整绩效制度引导多师合作、提升多师合作教学的质量、创建非遗龙舞课程基地、稳固非遗龙舞校园传承渠道。

以考评制度促进合作教学。第一，建立导向性的绩效考核评价方案，提升体育教师的教学地位，激发本校教师的创新活力。第二，通过评价制度引导本校教师努力的方向。创建江苏省非遗龙舞课程基地，龙舞模块教学只是最基础的一环，另外还有社团、演出、训练、龙文化研究等一系列的事务要做，在训练竞赛、社团活动、课题研究、专题论文等方面都需要超前谋划，没有教师的自愿融入何来持续不懈的驱动力。

（二）借助"多师教学法"可培养本校的非遗传承师资

引进外援可获得丰富的校外资源，过于依赖外援并非长久之计。外聘团队成员中有省、市级"非遗传承人"的称号，这是创建非遗龙舞课程基地的"火种"，不可或缺，但外聘人员具有流动性和临时性。因此，在合作策略上，学校可借助外聘力量，却不可完全依赖外援，以防对本校的工作进度产生重大影响。

对外合作实际是学习良机，培养本校师资才是固本良策。从教材教法理论层面来看，龙舞教学并无特殊之处；从高中体育模块教学的层面来看，龙舞只是教材内容不同，其教学原理、教学目标、教学方法和教学过程都与其他运动项目相似。再看龙舞具体的动作技能，苍龙舞类似健美操，需要记动作、变队形；罗汉龙的动作技能有武术、体操和技巧的元素，团队配

合类似跳长绳、接力跑中的多人有序合作。依据田麦久教授的项群训练理论，竞技舞龙属于难美性评分类项目，与体操、武术、健美操的训练原理相同，追求新颖、稳定、难度和美感。[4]至于套路编排、音乐制作、现场导演等可以继续外聘专业人员，曲中对外合作的大门会一直敞开。因此，"多师教学"实际就是本校教师深度参与合作学习的机会；体育教师学练龙舞的教、学、练、演、赛、研相关知识与技能，实际就是自身专业素养的一种拓展和提升。

综上，"多师教学法"是我们广泛开展对外合作的主体形式，对外合作的阶段目标是创建具有曲中育人特色的校本课程，长期目标是建成江苏省非遗龙舞课程基地。因此，我们不仅要将非遗龙舞项目引进校园，也要将外聘专家、艺人的知识技能留在校园，还要经由校本课程基地将非遗文化一代代传承下去。

【作者简介】邵建生，男，江苏省曲塘高级中学教师，高级教师。

参考文献

[1] 王坦.合作教学观初探[J].当代教育科学，1998（4）：30—32.

[2] 侯长虹.浅谈"合作教学论"在武警院校教育中的意义[J].武警指挥学院学报，2005（11）：7.

[3] 崔肖肖.同步课堂中双师协同教学策略的应用研究[D].湖北：华中师范大学，2023.

[4] 田麦久.项群训练理论的创立与发展（1983—2013）[M].北京：北京体育大学出版社，2013.

擦亮"关心教育"品牌 放大"人文德育"效应

——江苏省曲塘高级中学高品质德育特色实践探索

◎ 毛兆荣 / 江苏省曲塘高级中学

摘 要 党的二十大报告强调"育人的根本在于立德",加强思想道德教育是贯彻落实党的二十大精神的必然要求,是"培养担当中华民族伟大复兴大任的时代新人"的关键,更是"中华民族伟大复兴的基础工程"。然而,面对快速变化的经济、社会与技术环境,探索如何围绕立德树人培育适应未来现代化事业的建设者和接班人成为教育界的重要课题。基于此背景,江苏省曲塘高级中学以红色文化为代表的育人环境为载体,深度挖掘并开发建构"学会关心"育人体系,创新育人举措,组织实施一系列多元化的人文实践活动,成功构建并实施了一套独具特色的"人文德育"实践路径,打造"关心教育"品牌,放大"人文德育"效应,形成学校德育新模式,全面提升学生的思想道德品质与综合素养,为其未来发展奠定坚实基础。

关键词 课程建设 育人体系 保障支撑 创新举措

江苏省曲塘高级中学是一所历史悠久、底蕴丰厚的优质学校,被誉为南通教育的"西窗口"。"关心教育"是学校的办学特色。学校积极倡导"四个关心",建构以"自爱自强"为核心的"关心自我"、以"包容仁爱"为核心的"关心他人"、以"和谐共处"为核心的"关心自然"、以"责任担当"为核心的"关心社会"为主要内容的"关心教育"品牌。学校先后获评南通市"学会关心"特色学校、"思政育人"特色学校。

一、时代呼唤德育新模式

社会的发展不断地丰盈着人类的物质财富,但在经济持续发展的同时,人类也面临着精神的匮乏,在人与人、人与社会、人与自然的相处中出现了不和谐的一面。近年来,校园里一些漠视生命的事件时有发生,如校园欺凌事件。这些都是以自我为中心、缺乏关心意识的表现。联合国教科文组织召开的面向 21 世纪教育国际研讨会指出，"学会关心"是21世纪教育所应致力的目标。而"人文德育"理念正好助推"学会关心"品格的养成。

在"人文德育"理念引领下进行"学会关心"德育实践，打造"关心教育"特色育人品牌，不仅是关注学生全面发展和长期发展的需要，更是适应新时代发展的需要。

二、培育方向挖掘新深度

（一）实现三个育人目标

一是提升认知，形成正确价值判断。关心认知能力是一种认识关心行为的价值与行动规律的能力，较好的关心认知能力是形成关心行为的重要基础。关心认知是道德认知的一种。高中生关心认知的发展具有自主性、阶段性和反复性等特点，因此，提升高中生的关心认知能力必须遵循其特定的身心发展特点和道德认知发展规律。当高中生面临关心与利己、个人与团体发展的冲突时，教育者要引导他们明白关心和集体主义价值观的现实意义，帮助他们形成在集体中与他人互相帮助的意识，做出正确的价值判断，形成正确的价值观。

二是培养共情，增强自我卷入体验。共情是关心行为的近因动机，是人类长期进化的结果。美国人本主义心理学家罗杰斯最早提出了关于共情的概念。共情是指能设身处地地体验他人的处境，对他人的情绪、情感具备感受、感知和理解的能力。培养共情可以帮助学生换位思考以更好地理解他人，促进人与人之间的交流沟通，进而促进信任关系的建立、助人行为的发

生。自我卷入度高的人，往往能充分理解他人的观点和需求，其表现出关心行为的可能性就更大，更掌握一些助人所应具备的技能。

三是自觉内化，积极成为示范榜样。当关心行为不再是思索而为，而是自觉而为，关心已然被内化为自身必备的品格和能力。美国心理学家班杜拉的社会学习理论指出：人类的绝大多数行为习惯是通过观察和模仿习得的，而榜样所产生的替代强化功能是较为有效的社会学习途径之一。学校不仅要让家长和教师成为榜样，更要让学生个个成为榜样，从小事做起，从一点一滴做起，为他人着想，为社会服务，互帮互助，互惠互利。

（二）坚持四个育人原则

一是体现全员化。以教师的关心行为带动学生形成关心品格；以部分优秀学生的关心行为作为榜样，带动全校学生形成关心品格。在学校营造关心氛围，并通过学校辐射到家庭、社区乃至整个社会。

二是体现生活化。学生真实的生活是最好的课程资源，我们要让关心行为融入平时的学习生活中，在日常生活中不断重复关心行为，日行一善、月积一德，让学生在潜移默化中形成和巩固关心行为，自觉形成习惯。

三是体现情境化。创设具体生动的情境以引起学生一定的态度体验，激发学生的情感。从高中生的视角出发，做出符合实际的安排，让学生通过真实情境的体验获得感悟，使活动真正成为学生的"精神食粮"，达到唤醒生命、激扬生命、展示生

命、提升生活的目的。

四是体现过程化。通过学校的成长记录平台，及时记录关心行为，实行全程育人。培养学生关心品格的过程，也是引导学生树立正确的世界观、人生观、价值观的过程。

三、建构"学会关心"育人体系

（一）开发"学会关心"课程体系

德育课程作为学校教育的核心载体，是学生获取全面发展所需资源的重要源泉，对实现学校教育的培养目标具有决定性意义。基于学生的认知发展规律与成长需求，学校系统整合各学科及校内外实践活动，深入挖掘其中蕴含的德育元素，以"学会关心"为核心主题，从认知、行为、体验三个维度出发，将"人文德育"理念贯穿德育工作始终，全面规划大德育课程内容，持续完善"学会关心"德育课程体系，推动学科教育与德育工作深度融合，实现全方位育人目标。

（二）打造"学会关心"育人体系

学校秉持"学会关心"教育理念，构建一套全方位、多层次的特色育人体系，通过在个人、家庭、学校、社会四个层面深入渗透"关心"教育，致力于培养学生健全人格与健康心理，引导学生树立正确的人生观与价值观，学会关爱他人、关注自然、关注社会、感悟生命价值，享受充实而美好的人生。在个人层面，从自我认识、行为修正、素养提升方面入手，加强"关心"培育；在家庭层面，从生活自理、责任分担、情感交流方面入手，加强"关

心"培育；在学校层面，加强学校"关心"文化濡染，以课程建设、活动开展为主要形式，了解学生"关心教育"的发展，加强榜样示范作用；在社会层面，利用劳动教育、社会实践活动，让学生走进养老院、社区，参与志愿活动，感受关心行为对社会的价值和意义。

（三）培养学生"学会关心"实践能力

"关心"教育的核心在于培养学生的关心认知、行为与体验能力，通过系统的教育实践，深化学生对"人文德育"理念的理解与认同，丰富普通高中德育实践内涵。高中生的认知发展具有独特性，呈现出自主性、阶段性与反复性特征。因此，教育过程须紧密结合学生身心发展规律与道德认知特点，设计有针对性的教育内容与方法。在教育过程中，注重提升学生的道德认知水平，使其在复杂多变的道德情境中能够准确判断是非善恶，做出符合社会价值观的正确选择，引导学生换位思考，感受他人情感与需求，让学生能以"自爱自强"的方式"关心自我"、能以"包容仁爱"的方式"关心他人"；增强学生的道德情感体验能力，通过角色扮演、社会实践等活动，提高人际沟通能力与社会适应能力，让学生能以"和谐共处"的方式"关心自然"、能以"责任担当"的意识"关心社会"。学校秉持"平民本色，精英气质"的办学理念，着力提升学生的道德实践能力，塑造学生完善的个性品质，培养学生的核心素养，助力学生扣好人生第一粒扣子，成长为兼具科学文化素养与高尚道德情操的高素质人才。

四、实施多元化人文实践活动

一是深化常规教育。通过主题班会、实践活动等途径，结合重大纪念日，引导学生厚植家国情怀，增进爱国情感。

二是以社团活动为契机，丰富校园课余文化生活。学校开设人文素养类、科技创新类、科学实验类、艺术类、体育类社团，利用周末时间进行社团活动。高一、高二年级每周安排一节舞龙训练课，邀请民间艺人到学校指导、交流，传承中华优秀传统文化。

三是重视学科渗透，加强德育科研。学校进一步发挥思政育人特色学校的优势，加强思想品德课程开发力度，继续抓好学科教学渗透思想道德教育的工作，让学生时时刻刻受到关心教育的熏陶。

五、架设保障支撑，擦亮"关心教育"品牌

学校强化和充实德育领导小组，实行党组织领导下的校长负责制，成立由校长总负责，德育副校长具体分管，德育处、团委、学生会等群团组织负责人及年级部主任等协管的德育领导班子，合理制定规划和响应，全程领导学校德育工作。学校聘请校外专业同志担任学校法治副校长，聘请校外专业律师、专业心理导师等为德育兼职教师，充分挖掘校友资源，定期邀请他们来校做专题报告和讲座。学校成立各年级家长委员会和社区教育委员会，认真听取家长和社会的意见和建议，积极参与建立并充分利用社区教育平台，发挥各

种社会文化教育资源在学生健康成长中的作用，针对学生身心发展特点，联手开展多项德育实践活动，形成学校、家庭、社会三位一体的德育工作网络。学校充分利用团队建设的优势，精心策划组织相关活动，使管理呈现动态模式，不断优化，自我重组。围绕教育内容，团队定期开展主题论坛活动，在研究中不断深入理解项目内涵，提升研究水平。同时利用"互联网+"，实现管理网络化、透明化、再生化，构建学校关心课程实施网络，打造指导关心品格培养专业化团队，搭建关心品格培养平台。学校通过开展多方面的实践活动，增强学生的自主参与意识，促进学生的全面发展和个性展示，激发学生向上的激情。学校以激励为评价的主旋律，充分利用一年两次的期中表彰、每年一次的"杰出学生评选"、学期末的评优评先、话剧节、艺术节、体育节等设置各种奖项，努力践行"用优秀激励优秀，用优秀造就卓越"。

六、创新育人举措，放大"人文德育"效应

一是建设校园环境育人载体。环境文化是一种隐性课程，营造和谐的环境文化可以使学生兴趣得以生发，情感得以陶冶，思想得以升华，起到"无声之教"的功能。学校以校园中的"联抗"成立旧址、"联抗"纪念碑等红色资源为中心，结合慰烈园、七战七捷纪念馆等红色教育基地，继续完善以红色文化为代表的育人载体，赓续红色血脉、弘扬红色文化，培养学生"关心社会""关心国家"的责任担当意识。

学校加强人文环境的建设，以"关心教育"为引领，构建具有生活教育意蕴的校园环境文化。

二是打造一支高品质育人团队。要让学生遨游在生命的海洋，体验生命的激情、感动和波澜壮阔，不偏离航向，自信且坚持不懈地抵达教育的彼岸，需要打造一支德育导航团队，从境界上引领、从情感上激励。学校通过专家指导、德育名师工作室引领、青年教师成长营、课题研究等举措，持续打造人文德育实践团队。学校持续邀请各类专家学者来校讲学，组织骨干教师分别赴美国、英国、新西兰等国家考察研修。通过这些举措打造一支高素质的人文德育导航实践团队，为打造"关心教育"品牌助力。

三是搭建两个新媒体平台。技术的进步正在使学习方式发生变化，尤其是各种新媒体技术和移动终端的出现，引领了创新驱动发展新常态。学校打造一个关心品格培养的电子平台，计划通过"我要关心""我要感谢"两个按钮，把平台与学生连接，形成一个关心品格教育的闭环，使学生不再受到学习地点和空间的限制，通过此平台去实际运作关心品格提升工程的诸多项目，保障信息的传递畅通快捷、形象可感、安全健康，让"关心教育"深入人心。

【作者简介】毛兆荣，男，江苏省曲塘高级中学德育处主任，高级教师，南通市学科带头人，南通市优秀教育工作者。

参考文献

[1] 内尔·诺丁斯.学会关心：教育的另一种模式［M］.于天龙，译.上海：上海教育出版社，2024.

[2] 顾庆华.农村高中"学会关心"德育课程的建构［J］.江苏教育，2021（67）：61—64.

[3] 刘成海.构筑人文底蕴深厚的德育高地［J］.中学政治教学参考，2020（29）：47—48.

点赞"曲中现象"

◎ 李　勤 / 江苏省海安高级中学

近年来,"县中塌陷""拯救县中"成为教育的热点话题。"郡县治,天下安",县域稳定是国家稳定的基础,县中发展事关地方发展全局,关系着县域内的每一个家庭。2021 年 3 月 31 日,在国新办新闻发布会上,教育部基础教育司司长吕玉刚强调:"县域高中对于乡村振兴战略,促进带动义务教育均衡发展至关重要。如果一个县的高中发展不好,这个县的基础教育很难发展好,所以必须把这个龙头建设好。"2021 年 12 月,国家九部门联合下发《"十四五"县域普通高中发展提升行动计划》,为整体提升县中办学水平、更好适应高考综合改革和普通高中育人方式改革提供了行动指南。

江苏省曲塘高级中学是一所离县城近 20 千米的农村普通高中,在每年初中毕业生 5000 人左右、城区普通高中招生超千人的情况下,克服生源质量先天不足的困难,凝心聚力、砥砺前行,用优质教育教学质量赢得了家长信赖、社会公认、政府放心、同行敬佩、高校青睐,满足了县域范围内人民群众对优质教育的期盼,创造了"曲中现象"。

曲中能够在当下身居高位且持续走强,绝非偶然,既得益于学校对优良教育教学传统的传承,更得益于学校遵循教育教学规律,锐意改革创新。

曲中坚持质量立校,有与时俱进、追求卓越的办学智慧。1940 年 10 月 10 日,中国共产党领导下的联合抗日武装部队在曲塘宣告成立。曲中创办于 1952 年,是在"联抗"原址上成立的。学校秉持"求是争先"的精神,确立"平民本色,精英气质"的办学理念,赓续优秀乡土文化,用先贤精神感召培养学生勤劳勇敢的品质,培养出大批"一等人品、一等学识、一等体魄"的优秀学子。

曲中坚持科研兴校,有独树一帜、别具一格的课程"景深"。我国基础教育课程改革价值转型的核心理念是关注学生作为"整体的人"的发展。曲中坚持"人的教育"这一教育本质,切实加强课程的建设。在德育课程上,学校坚持开展"关心教育",以关心的独特视野,让学生主动认知、理解人生和社会,由关心自我、关心他人、关心社会、关心自然到关心世界，由伦理道德走向自觉规范，最终形成独有的文化品格，树理想信念之魂，立民族精神之根。在学科课程上，学校做好顶层设计，构建科学合理的课程体系，满足学生全面发展而又有个性成长的需要。对于课堂教学，学校则主张实实在在、扎扎实实，不玩花架子，不搞新套路，而是沿着课改的方向，沿着南通市"立学课堂"的要求和精神，不断深入推进，努力推动课堂育人方式的转型。

曲中坚持环境育人，有雍雍穆穆、和谐融洽的教学生态。学校致力于建造高品质人文特色高中，以独特的校园文化建设和环境建设创设了综合的、整合性的学习生态，营造全方位全景式的育人环境。学校重视对师生的精神引领和浸润，通过丰富的教育实践活动，引导教师"教书不为稻粱谋，学生不为成绩忧"，着眼于学生的人格健全和健康成长，引领学生走出课堂、走出小我，在社会大课堂中历练，促进师生素养的全面提升。学校搭建多样化的平台，为更多学生营造更好的幸福成长空间，为更多优秀教师搭建更好的发展平台。"在场"作为一种教育方式，让师生在经常性的成就感中形成对学校的归属感和认同感。

扛起农村普通高中的社会责任，让孩子在家门口接受合适的、优质的教育，曲中做到了，为"曲中现象"点赞！

【作者简介】李勤，男，江苏省海安高级中学教师，国家高层次人才特殊支持计划教学名师，正高级教师，江苏省特级教师，江苏省"苏教名家"工程培养对象，江苏省"333高层次人才培养工程"第二层次培养对象。

最好的教育就是自我教育

—— "寻求合适的自我教育"实践研究

◎ 张大春 / 江苏省响水中学

摘 要 教育的本质是自我教育，教育观念的革新是走向自我教育，教育增效的方法是实践自我教育。江苏省响水中学以学生的自我成长立标准，以物质、精神、制度文化促养成，以课堂改革、特色课程、主题活动促内化，以拓展空间、挖掘潜能促自育，积极寻求合适的自我教育，引领学生快速健康成长。

关键词 自我教育 文化主张 特色课程 文化建设

叶圣陶提出"教是为了不教"。联合国教科文组织国际教育发展委员会明确提出："未来的学校的教育模式应当从他育变成自育。"苏霍姆林斯基也认为："真正的教育是启发寻求自我教育的教育。"在当今快速发展的时代，自我教育正逐渐成为一种新质生产力。自我教育作为一种主动的、个性化的学习方式，具有独特的优势和潜力。

所谓自我教育，就是充分调动学生的内部动力，发挥其主观能动性，让学生自觉地进行自我锻炼和修养，对自己的品德表现进行自我认识、自我督促、自我克制、自我改正，从而形成良好的品德行为的过程。

一直以来，江苏省响水中学以"四自教育"作为寻求合适的自我教育实践的载体，秉承"明德、崇智、健体、立人"的校训，坚持"建设美丽和谐校园、打造幸福优秀团队、培养阳光全面学生"的办学理念，坚持以优秀队伍及特色文化的创建为抓手，以骨干教师和特色课程等为支撑，形成了比较鲜明的校园"四自教育"文化特色。

一、"寻求合适的自我教育"的文化主张

"四自教育"分为四个方面，即精神自强、道德自律、学习自主、生活自理。

精神自强指具有一种积极的人生态度、人生追求和人生境界，具体表现为自信、有担当、有主见，且积极向上、不甘落后。学校将少年精神定义为少年梦想、青春文化、时代使命。新时代的学子当以实现中华民族伟大复兴为己任，以青春之我贡献伟大时代。

道德自律即自愿地认同社会道德规范，并结合个人的实际情况践行道德规范，把

被动的服从变为主动的律己，把外部的道德要求变为自己内在良好的自主行动。学校以孔子"君子慎独""三省吾身"为品德规范，力求将每一个学生培养成集真善美于一体的阳光学子。

学习自主是指学习者在学习过程中主动积极的学习行为，表现为具有内在学习动机的"想学"，掌握了一定学习策略的"会学"，以及具有意志努力的"坚持学"。

生活自理即在日常生活中具有照料自己生活的行为能力，具有独立意识、自立习惯、独立性格，自己的事情能自己做。

二、"寻求合适的自我教育"的校级行动

精神自强、道德自律、学习自主、生活自理四个方面是相辅相成、有机统一的。

（一）突出文化教育，以特色文化感染人

学校坚持营造浓厚的校园文化氛围，贴近时代、服务教育；以学生发展为根本，推动校园文化建设，让学生在高雅校园文化的浸润下，张扬个性、弘扬正气。

学校高起点规划校园文化环境，布置文化景点，注重创设校园文化氛围，创设语文学科基地、校史馆、陶瓷馆等，学生平时徜徉其中、耳濡目染、潜移默化。学校以富有浓郁文化气息的文萃苑等教育基地和传统节日为载体，以主题班会和外墙文化布置为抓手，促进班级文化建设，增强班集体的凝聚力和学生的集体荣誉感。

学校还通过"每周一歌""时事纵横""周末时评""心花'路'放"等多种形式，营造浓郁的文化氛围，构建积极健康又丰富多彩的校园文化生活。

（二）重视"三程"建设，以特色课程教育人

1. 传承红色革命文化课程，塑造学生精神自强的品质

学校充分利用红色革命文化课程进行爱国主义和革命传统教育，利用道德讲堂宣讲响水大地上的红色故事，邀请著名校友和优秀学生宣讲铁军精神，从中汲取奋进力量、坚定理想信念、端正价值追求。

2. 融合学科课程与德育课程，提高学生道德素养

学校制定《关于加强课堂教学在德育教育方面主阵地作用的实施办法》，让全体教师把落实学科核心素养与中学生基本素养相结合，寓德育于各科教学内容和教学过程的各个环节中，有意识地培养学生良好的学风和意志品质。

3. 开设心理健康课程，培养学生阳光心理

学校开设丰富多彩的心理健康课程，对学生持续进行心理健康指导、生活指导、生涯规划；开展公益辅导讲座、心理健康知识宣传培训等工作。课程开设方式多样化，创造性地开展心理健康活动，寓体验于活动、化教育于无形，取得了润物细无声的健康教育效果。

4. 开展劳动实践课程，提高学生生活自理能力

学校高度重视劳动教育课程建设，将综合实践课、多元发展课、研学旅行课、

劳动主题教育课进行全方位整合；统筹安排课内外时间，采用集中与分散相结合的方式；积极组织学生进行社会综合实践活动，对学生进行爱国主义、人生观、价值观等多种教育，提高学生生活自理能力，塑造健康心理和独立人格。

（三）搭建活动平台，以特色活动涵养人

学校通过军训对学生进行国防教育、组织纪律教育、吃苦耐劳教育和爱国主义教育；举办各种运动会，开展国旗下讲话、十八岁成人仪式暨五四表彰活动、"我是响中人"宣誓活动、校园歌手大奖赛、韵律操比赛、"双十佳文明标兵"评选活动、春节联欢晚会等一系列活动；开展各种社团活动，争创星级班集体、周恩来班、文明宿舍。依托语文、物理等省级课程基地，学校建立"名师＋体验式学习＋特长学生"的培养模式，开展多种特色活动，丰富学生课余生活，开阔学生视野，使学生身心得到全面发展。

（四）健全育人管理机制，以特色制度培育人

学校制定校规校纪，健全管理制度，加强学生思想道德建设，培养学生良好品行。学校制定和完善一系列德育工作制度，规范学校治理行为，形成师生广泛认同和自觉遵守的制度规范；制定班级民主管理制度，形成学生自我教育、自我管理的班级管理模式。班主任会同各科任教师加强班级管理，充分利用班级微信群、钉钉群等平台加强家校沟通、家校联手，促进学生发展。

（五）提升教师素养，依靠教师自律感染人

"亲其师，信其道。"近几年，学校积极探索，依托"青蓝工程"、名师工作室和"四有"好教师团队，树立精神典范，塑育道德情操，厚积专业功底，弘扬仁爱之心，鼓励教师做以过硬水平提升学生成绩的技师、以深刻思想重建学生生命的经师、以高尚人格影响学生一生的人师。

（六）深化课堂改革，以特色课堂熏陶人

近年来，学校不断深化课堂教学改革，着力打造"学思融通"引领下的"求真探核125"课堂教学模式，以课堂教学方式转型为抓手，追求合适的教育，实现学生学习自主化。通过课改的推进，绝大部分教师的教学理念得到了转变，把教师转变成导师，把课堂转变为学堂。通过课改，学生的自主学习、合作探究、语言表达等能力得到了明显提升。

三、"寻求合适的自我教育"的学生实践

多年来，学校在科学严格的常规管理、优美和谐的育人文化、同类领先的教学质量的基础上，坚持多元构建"自律文化"，扎实推行"四自教育"，培养全面阳光学生，力争使每个学生都能快速成长。

（一）培养学生精神自强的信念

学校制定了《优秀学生评比条例》，评选三好学生、优秀团员以及在学习、文学、

书画、音乐等方面优秀的学生，用制度激励学生精神自强；创建100多个学生社团和课外兴趣小组，给每一个想展示自己的学生提供舞台，唤醒学生自强意识；开展和采用适合学校德育建设的特色活动和工作模式，如学习先进班级、德育周恩来班、合作楷模等，培养学生的集体意识。

（二）培养学生道德自律的意识

一是将管理制度校本化，规范引导育道德。学校按照国家颁发的《中学生守则》《中学生日常行为规范》，结合学校实际，编制《学生文明礼仪常规》，作为德育校本教材；从日常生活中的要求入手，让学生自我体悟、反思不足，引导学生在道德上自律。

二是搭建道德平台，合力进行育三观。学校将道德教育与生活实践相结合，把思想道德教育渗透到学生的言谈举止、衣食住行等各方面。教师以文明高尚的言谈举止、实事求是的工作作风、严肃认真的科学态度、良好的个性品质教育学生，发挥示范作用，做到以德感人、以德服人、以德育人。家庭、学校携手从日常生活小事进行教育，从细节之处树立学生的自尊意识。

（三）培养学生学习自主的能力

一是倡导每日"八必做"，强化学生自主学习的动力。"八必做"涵盖学生一天之内各时间段的活动规范，使学生学有目标、行有动力，激发学生的自主性，培养自律习惯。二是实施教学新模式，充分发挥学习的自主性。在"组内合作，组外竞争"的指导思想下，每个学生都能在课堂上找到存在感，都有展示自我的机会，学生逐步从"要我学"的思想中解放出来，进入"我要学"的学习状态，学习的自主性得到了充分发挥。

（四）培养学生生活自理的能力

一是教育与养育相结合。学校在培养学生生活自理能力的过程中，倡导"自己的事情自己做""先自理自立，后自能自强"的理念，开展"平民化教育"。注重教学与生活并重，依靠集体教育的力量，打造校本化的培育思路和模式，充分发挥学校大环境的优势。

二是每学期举行各种学生生活自理技能比赛，评比"生活自理能手"，学生个人内务评"内务能手""内务标兵"，集体内务评"内务满堂红""示范寝室"等，同时对这些奖项进行分类，分为"质量最高奖""速度最快奖"等，发挥榜样示范作用。

三是引导学生养成"六大习惯"，即把一件事做到底、孝敬父母、说了就一定努力去做、用过的东西放回原处、认真写字、从错误中反思自己。重点培养学生自理的自觉性，处理好自己的生活，处理好自己和周围人的关系，促使学生和谐成长。

四、"寻求合适的自我教育"的积极效应

学校依靠"四自教育"活动，推动学校德育工作跃上了新台阶，有力地提升了学校教育文化的内涵及品质，在立德树人

视域下的校园自律文化建设中，对学生、教师和学校发展都起到了非常积极的作用。

（一）提升了学校的文化内涵

学生主人翁意识普遍增强，团队精神增强，追求上进风气浓厚，家庭、学校、社会责任意识增强；提升了学校的凝聚力和师生间的团结协作精神，彰显了学校良好的学风、班风和校风，展示了和谐校园师生特有的精神风貌；真正实现"美丽和谐校园、幸福优秀团队、阳光全面学生"的办学目标，培养出一批又一批学习自主、生活自理、道德自律、精神自强的有用人才。

（二）提高了学生的综合素质

学校创造条件，让学生在体验、选择、探究、拓展、熏陶、浸润和激励中，逐步形成"四自品质"，积极建构和完善"四自教育"体系，全面实施"四自教育"，让学生逐步养成良好的生活和学习习惯，提高学生的综合素质和自主实践能力，使学生自信而快乐地成长、自主而个性化发展，促使学生志存高远、追求卓越。

（三）扩大了学校的社会影响力

"四自教育"彰显了学校的优良传统文化，也凸显了学校的办学特色。学校连续获评省思政育人特色学校、市中小学书香校园示范学校、市课堂教学改革先进校、省教育工作先进集体等荣誉称号，教学质量逐年攀升。

教育家魏书生曾说："培养学生更好地进行自我教育，让他们明白不是为了别人，而是为了自己受教育，那他们能更好地从学习中享受快乐，获得成就感。"让每个学生都实现合适的自我教育，正是响水中学追求教育的最高理想和教学宗旨。

【作者简介】张大春，男，江苏省响水中学党委书记、校长，响水县清源高级中学党支部书记。

党建品牌融合引领学校高质量发展

◎ 章建春 / 浙江省杭州市富阳区春江中学

摘 要 为更好地发挥党建的引领作用，促进党建与学校教育教学工作深度融合，杭州市富阳区春江中学以"三心"（初心、爱心、责任心）党建品牌建设为突破口，找准结合点，实现党建与业务工作双优化、双提升，探索出一条党建品牌融合引领学校高质量发展的有效路径。

关键词 党建品牌　高质量发展　学校党建

2022 年 1 月，中共中央办公厅印发《关于建立中小学校党组织领导的校长负责制的意见（试行）》，明确指出加强党对教育工作的全面领导是办好教育的根本保证。党组织要全面领导学校工作，履行把方向、管大局、做决策、抓班子、带队伍、保落实的领导职责。在实际的办学过程中，如何坚持党组织领导的校长负责制，围绕立德树人根本任务，强化党建与业务工作双向深度融合？杭州市富阳区春江中学（以下简称"春江中学"）以"三心"（初心、爱心、责任心）党建品牌建设为突破口，聚焦学校中心工作，找准两者的结合点，实现党建与业务工作双优化、双提升，对党建融合引领学校高质量发展做了一些探索与实践。

一、品牌内涵：弘扬教育家精神的需要

强国先强教，强教先强师。教师是立教之本、兴教之源，加强教师队伍建设是学校高质量发展的重要基础保障。从"四有"好老师到"四个引路人"，从做"经师"和"人师"的统一者到"做学生为学、为事、为人的大先生"，再到"弘扬教育家精神"，习近平总书记对教师提出殷切希望，做出系列重要指示。如何结合教师工作的实际，找准载体，让每一位教师通过实际行动践行好教育家精神，是学校对教师管理的时代责任。春江中学党支部提出以初心、爱心、责任心为内涵的"三心"党建品牌建设。将立德树人定义为教师的初心，是从学校教育的根本任务提出的，符合社会主义办学方向，切合时代对学校人才培养的需求；爱心与责任心是一名教师的必备素养，是做好教育工作的基础，符合学校对教师的管理要求。

二、守初心：立德树人，修师德

党的二十大报告强调"育人的根本在

于立德"，"培养造就大批德才兼备的高素质人才，是国家和民族长远发展大计"。习近平总书记高度重视学校教育工作，指出"培养什么人"是教育的首要问题。

思想武装净初心。习近平总书记指出，"只有坚持思想建党、理论强党，不忘初心才能更加自觉，担当使命才能更加坚定"。教师承担着培养社会主义建设者和接班人的重要任务，只有当教师自己信念坚定、思想正确并言传身教，教育的方向才不会跑偏，才能帮学生树立起正确的"三观"。学校高度重视教师的思想建设，用党的思想理论武装教师的头脑，坚定教师的理想信念，净化教师的初心。党支部以学习习近平新时代中国特色社会主义思想为主线，通过读原著、学原文、悟原理，吃透精神实质，把握核心要义，不断增强"四个意识"、坚定"四个自信"、做到"两个维护"。坚持党建带团建，通过创新大思政课着力讲好党的故事、革命的故事、英雄的故事，厚植爱党、爱国、爱社会主义的情感，坚定不移听党话、跟党走，让红色基因、革命薪火代代传承。

"四看五做"树初心。学校发展，党员首"责"。面对学校发展中的重要教育教学改革，全体党员同志率先垂范、以身作则、积极参与，党支部组织开展"四看五做"实践活动。明确工作标准，做到"四看"（看岗位责任心、看工作担当度、看教育教学实绩、看学生喜欢度）；分层要求，明确任务，做到"五做"（支部支委：创好1个项目、联系1个教研组、带好1个年级、培养好1个教师、主持好1个课题。党员：

帮扶1个学生、联系1个寝室、带好1门学科、站好1班岗、实现1个成长心愿）。

制度保障强初心。学校严格执行"三重一大"集体决策制度，推进党务、政务、校务公开。持续开展廉政风险排查防控工作，建立"小微"权力清单和办学行为负面清单，落实师德师风第一标准，实行"一票否决制"。每年扎实开展暑期师德师风专题培训，引导教师对标先进模范典型，不断提高自身道德修养，努力造就新时代立德树人的"大先生"。注重教师精神引领，引导教师弘扬教育家精神教书育人，从源头上抓好教师的初心不变样。

立德树人守初心。培养什么人、怎样培养人、为谁培养人是教育的根本问题。教育的根本任务是立德树人，应成为每一个教育人的初心与使命。初中阶段是学生身心发展的关键时期，更是学生成长的关键阶段。学校如何帮助学生形成正确价值观、必备品格和关键能力，如何不被唯考试刷题、唯分数升学带偏，是办学过程中需要正面回应的关键问题。学校注重强化育人价值引领，以"关注全体、全面发展"为办学理念，不放弃每一个学生，积极引导学生要立大志、明大德、担大任，争做有理想、有本领、有担当的时代新人。强化课堂育人的主渠道，倡导"我是课堂主人"，注重运用课程思政与思政课程，强化学科育人。

三、扬爱心：守护成长，铸师魂

爱学生是教育学生的基础和前提，没有爱就没有教育。因此，教师需要铸就师魂。师魂是一种真挚的情感，一种忘我的付出，一种无私的奉献，一种仁爱的情怀，更是一种崇高的责任，用爱才能守护学生的成长。

亮身份护身心成长。党支部在党员中广泛开展"党员亮身份、支部亮旗帜"的"双亮"活动，扎实做好"三进一访"活动，完善学校、家庭、社会三位一体的育人网络，通过"三进一访"解决师生、家长中存在的一些问题。1名党员结对1个寝室，每周开展不少于2次的交流指导。党支部实施党建"领航工程"，"党代表"入班级、备课组，确保工作推进到哪里，党建引领作用就发挥到哪里。

做宣讲护精神成长。青少年阶段是世界观、人生观、价值观形成的关键时期。中国共产党人精神谱系是中国的宝贵精神财富。宣讲好、学习好中国共产党人精神谱系将对促进学生的积极成长起引领作用。学校认真分析、梳理了各个时期的中国共产党人精神谱系，充分发挥道德与法治、历史、语文等多门学科的优势，对中国共产党人精神谱系进行全面的融入式教育。一是分年段渗透。如初一，建党精神、井冈山精神、长征精神等；初二，南泥湾精神、太行精神、红岩精神等；初三，"两弹一星"精神、载人航天精神、北斗精神等。二是营造校园环境，进行情境教育。三是走出校门，开展社会实践教育。四是注重在学科融合中抓好教育。

勤辅导护学业成长。作业是"双减"的核心环节之一。学生学业负担过重的原因除作业量过大外，还有做作业过程中出现问题时得不到及时帮助和解决。学校在教学管理中坚持以精、准、实为导向，加强教学的各个环节管理，做精、做细、做实每一道工序。特别是在作业管理中，一是调结构。减少无效的书面作业，增加实践性作业；减少单纯知识技能训练的时间，增加培育学生综合素养的时间等。二是提质量。自编作业，减轻重复、低效的机械训练负担，增加能够调动学生思维、具有挑战性和创造性的实践作业。三是重个性。分层布置作业，减轻学生同质化的学习负担，尊重学生的个性差异，适当减少统一强制性作业，增加学生自主性作业。四是重管理。实行作业二次、三次批改和个性辅导，实现闭环管理。五是勤辅导。学校留时间给教师进行个别辅导、作业面批、扶优补缺，设法增加师生交流的时空，保证学生自主成长。

建体系护全面成长。学校教育归根结底是育人，是为了每一个学生健康成长。学校坚持"以德为先、博雅成长"的办学主张，构建"博雅"德育体系。学校紧紧围绕培养有爱心、肯担当、会合作、能创新的博雅少年的育人目标，以"一种品质（善良）、两种精神（爱国、勤奋）、三种习惯（学习、生活、行为）"为抓手，依托主题教育、主题节日、博雅课程、德育课程，扎实开展好读书节、艺术节、科技节、运动节、劳动节五大主题节日活动，不断拓展活动形式，丰富活动内涵，主张生活德育，提升德育有效性。

四、强责任心：实干担当，构师业

习近平总书记强调："国家繁荣、民族

振兴、教育发展，需要我们大力培养造就一支师德高尚、业务精湛、结构合理、充满活力的高素质专业化教师队伍，需要涌现一大批好老师。"好老师必须具有强烈的责任心，能实干担当，能认同教师工作的特殊性，将立德树人作为自己的事业。

突发事件勇担当。担当作为是一种品格，一种能力，更是一种精神。党员的担当奉献体现在学校突发事件处理、教育教学改革创新等关键时刻。针对当下个性学生的增多，学校成立了三支队伍。一是成立"疏导队"。对家庭突发变故、特殊家庭、心理异常等特殊学生，采用多种方式与学生及其父母不定期及时沟通交流。二是成立"帮学队"。对学业后进学生分析原因，因材施教，让掉队的学生跟上来。三是成立"后援队"。建立教师与特殊学生"结对帮扶"制度，动态追踪，随时跟进，及时掌握学生的思想动态，引导其健康成长。

落实"双减"勇探索。2021年"双减"政策出台后，学校第一时间便开展了系列化的"双减双新"教学研究活动，着力在提升课堂质量、作业减量提质、提升课后服务等方面做好文章。如将课后服务课程分为三类：固本＋培优补缺开展作业指导、必修＋选修按需提供订单式课程列表、兴趣＋特长打通个性发展的通道；从时空上分为五类：特长拓展、体质锻炼、自主作业、自主安排（师生温馨）、自主学习时间。按学生需要提供个性化服务。

提质强校勇创新。提质强校是"公民同招"后公办学校面临的最为紧迫的任务。

学校聚焦"改课"，打造具有春江辨识度的灵动课堂，把问题驱动、情境调动、方法撬动、多向互动、评价触动5个"动"作为灵动课堂的构成要素，着力转变课堂教师的教学方式和学生的学习方式，积极推动真实情境的问题式教学、分层设计教学以及合作式学习，让学习在课堂中真实发生，提升课堂育人质量。在"改课"实践中，学校尤其重视多向互动对学生素养提升的价值，在课堂教学中搭建师生及生生之间思维碰撞、对话交流的平台，使之成为学生思维得到训练、技能得到培养、能力得到发展的主要渠道。

教育共富勇实践。党的二十大报告提出要"加快义务教育优质均衡发展和城乡一体化，优化区域教育资源配置"。因此，加快义务教育优质均衡发展和城乡一体化是党赋予我们的时代责任。学校勇担责任，从"互联网＋义务教育"帮扶结对到"协作型""共建型"的教育共同体的实施，再到教育集团的成立，主动与省内外学校协作办学，作为学校高质发展的拓展点。学校输出理念、管理、资源、教师等，聚焦课堂教学，同备课、共教研，拓展教研渠道，为实现区域教育共富做出春江努力。

五、三心党建：引领高质量发展

自学校创建"三心"党建品牌以来，强化党建引领，聚焦育人中心工作，引领学校高质量发展。

品牌引领，校园风清气正。党风带动校风、教风、学风，教师风清气正，尽心尽责，共担育人使命，营造了清净校风、清正教风、清新学风的良好育人氛围。学校成功创建为区清廉学校示范校，"三心"党建品牌获评区优秀党建品牌，学校被评为浙江省现代化学校。

筑牢思想，实现专业成长。"三心"党建品牌的内涵是根据教师的工作特点提炼的，品牌的价值除了学生的成长还在于教师的成长。通过党建品牌引领，增强了教师的理想信念，树立了远大的教育理念，提升了教师专业成长的主动性。目前学校设有 2 个市级名师名校长工作室，1 个名师工作站，引入 5 名专家驻校指导，助推教学研一体化，落实教师"双培养"机制，全面促进了教师专业成长。

融合机制，助力高质量发展。将党建与学校中心工作融合，使党建有载体，工作有标准，评价有依据，活动有内容。学校始终立足课堂、研究课堂、提升课堂，将课堂作为减负提质、师生成长的主阵地。通过打造灵动课堂，让学习在课堂中真实发生；通过成立教育集团，助力区域学校高质量发展。

春江中学通过多年实践证明，党建品牌创建应贯穿学校日常教育教学工作，通过品牌创建形成用初心感召人、用爱心凝聚人、用责任心激励人的良好氛围，是推进党建工作创新发展、提升党建工作吸引力和向心力的重要途径，更是推动学校高质量发展的有效手段。

【作者简介】章建春，男，浙江省杭州市富阳区春江中学书记、校长，高级教师。

参考文献

［1］ 大力弘扬教育家精神　勇担强国建设使命［N］.中国教育报，2023-09-10（1）.

［2］ 习近平 .高举中国特色社会主义伟大旗帜　为全面建设社会主义现代化国家而团结奋斗：在中国共产党第二十次全国代表大会上的报告［M］.北京：人民出版社，2022.

［3］ 本书编写组 .习近平总书记教育重要论述讲义［M］.北京：高等教育出版社，2020.

多元融合：新时代教师专业发展的区域实践

◎ 吕敏敏 / 江苏省苏州市吴中区教师发展中心

摘　要　教师是立教之本、兴教之源。针对当前区域教师队伍建设面临的现实困境，吴中区通过构建融合培训支持体系，持续优化教师专业发展生态；开发多元培训课程，持续满足教师专业发展需求；强化协同互补效应，持续完善教师专业发展机制，构筑多元融合兼具区域特色的新时代高质量基础教育教师专业发展之路。

关键词　多元融合　教师专业发展　区域实践

2024年8月，《中共中央　国务院关于弘扬教育家精神加强新时代高素质专业化教师队伍建设的意见》指出，教师是立教之本、兴教之源，强国必先强教，强教必先强师。要大力弘扬教育家精神，加强新时代高素质教师队伍建设。近年来，吴中区全面贯彻国家、省、市新时代教师队伍建设的新要求，不断创新教师培训体系，努力构建多元化融合培训模式，大力培养造就一支师德高尚、业务精湛、结构合理、充满活力的高素质专业化教师队伍。

一、区域教师专业发展面临的问题

近年来，吴中区将教师队伍建设作为教育强区建设的基础性工作来抓，教师发展已经由关注数量提升向注重内涵发展转变。但从区域角度来看，教师队伍结构、教师培训建设等方面仍面临许多挑战，尤其是教师培训支持系统不够完善、教师培训课程不够丰富、教师培训机制不尽科学等导致培训效果不佳。此外，教师专业发展培训的组织方式较为单一，教师培训机构的职能定位还相对滞后，教师专业发展的支持系统需要进一步优化。同时，教师的培训课程与教师需求存在脱节现象。如新上岗教师由于各自教育背景不同，单一的、统一的培训不能满足其需求；在职的教师培训存在重理论轻实践、重讲授轻互动、重灌输轻认同等问题，培训流于形式、针对性不强，难以满足教育教学改革的实践需求；一些教师主体，尤其是一些资深教师的专业发展出现了"高原现象"。另外，由于培训机制不够完善，各条线的培训缺乏协同互补、有机整合，一定程度上削弱了培训效果。这些问题的存在极大地阻碍了区域教师队伍质量的提升，影响着教育教学改革的真正落地。因此，探寻基于现实和发展实际的、可行的区域教师专业发展路径是教育高质量发展的应有之义，也是教师自我成长的必然要求。

二、区域教师专业发展的实践探索

吴中区是吴文化的发祥地，自古就是尚文明礼之邦、兴学重教之地。新时代传承尊师重教的优良传统，要不断探索教师培育发展的新路子，以教师发展的机制创新带动教师质量的整体提升。根据区域教育发展的需求和教师队伍建设中存在的问题，吴中区以新时代培根铸魂育新人需求为导向，探索重组、互融、共生的教师个体发展与群体发展融合推进策略。[1]围绕师德师风、课程建设、专业技能、教学创新、实践教学等主题，构建多元融合、动力内化的教师培训体系，开发多维度、多层次、多形式的教师培训课程，形成抱团成长、合作共赢的教师培训机制，实现培训、教研、科研、信息技术四位一体的有机整合，从而推进区域教师队伍的个性化成长与规模化发展。

（一）构建融合培训支持体系，持续优化教师专业发展生态

一是优化教师专业发展培训组织方式。教师专业发展研修主要以培训班形式进行，培训班组建的合理性就成了研修能否精准实施的基础。为此，吴中区分析教师所处专业发展阶段、工作环境，确保同班学员有相近的培训需求；赋予培训班学员选择培训时段、培训方式、培训内容、培训专家的权利，确保学员中心地位；将组班权限下移到教师发展共同体、集团校或学校，确保同班学员处于相近成长环境，根据教师专业发展的实际需求，优化组班方式，组建形式多样的教师专业发展培训班。

二是创新教师专业发展培训支持体系。结合"教育+互联网"思维，吴中区进行教师研修项目的顶层设计，以区教师发展中心为核心，以教师发展共同体为载体，采用分层、分类、分科三级联动模式，构建多主体的教师专业发展支持体系，协同赋能教师专业成长与发展。同时，为更好地激发教师专业成长的内驱力，区教育局出台了《吴中区"教育强师计划"三年行动方案》，落实推进教师专业发展支持体系的有效路径和模式。

三是推进教师专业发展机构内涵建设。作为为教师提供继续教育和专业发展的专门机构，区教师发展中心持续做好内涵建设，通过体制机制的完善不断支撑区域教师的专业发展。尤其是在推进区教师发展中心的职能转型上，我们坚持以"服务、推动、引领"为原则，推动区教师发展中心从管理型机构转为服务型、治理型、专业型机构，教研员的角色从行政领导者、秩序管理者转为课程领导者、专业促进者；在进行研修培训设计时，通过调研分析研修培训需求，精准把握区域教师发展重点、难点、堵点，在此基础上进行研修设计、优化研修方式，更好地服务各级各类教师

的专业化发展。

（二）开发多元培训课程，持续满足教师专业发展需求

教师的专业成长要满足个性化发展的需求，要根据不同层级教师的成长需求设计多维度、多层次、多形式的教师培训课程。通过内容与形式上融合的培训课程，解决教师专业发展过程中的重点和难点问题，从而激发教师专业发展的动力。

一是深化全员课改培训。为切实提升全区中小学（幼儿园）教师的执教能力和学科研究能力，区域组织实施中小学（幼儿园）新课程改革全员培训。培训分集中培训和校本研修两个阶段，集中培训通常安排在寒暑期进行，校本研修贯穿全学年。这种面向全体的学科培训，旨在通过内容丰富、主题鲜明、形式创新的培训课程，提升教师的专业技能，提高教师的专业发展动力。

二是优化新教师岗前培训。青年教师是学校发展的生力军，也是区域教育发展的主要力量。为帮助新教师尽快熟悉教育教学工作，提升职业适应能力，快速成长为守师德、爱学生、会教学的合格教师，暑期组织新教师进行线上自主学习和线下集中培训两种形式的岗前培训，学期中定期开展新上岗教师培训，通过专题研讨、名优课堂观摩、学习心得交流等活动，使他们尽快适应教学岗位、掌握教育规律、熟悉教学业务、熟练应用教育技术。

三是强化特定群体的专项培训。为助推不同层级教师的专业发展，区域组织初任校长资格培训和教研组长、备课组长培训，以及学科骨干教师培训、卓越教师高研班、名师领航班等专项培训。按照分层培养、多梯进阶的原则，采用集中培训、教科研论坛、读书沙龙、经验分享、跟岗培训等方式，并充分利用区域智慧教育云平台，组织开展综合融通、动力内化的区域教师培训活动，促进各层级教师的专业成长。

（三）强化协同互补效应，持续完善教师专业发展机制

优化培训机制可以使培训资源、培训课程、培训方式形成合力，提升教师培训实效。根据教师专业发展的需求，以名师工作室、"四有"好教师团队、教师发展基地校、集团校等为主，形成区域教师专业发展研修活动的中坚力量。以"抱团成长"为核心的教师共同体研修机制，凸显了协同机制在教师专业发展过程中的作用。同时，加强与高校的合作，可以进一步推动人才共育、资源共享、优势互补，促进教师职前职后一体化发展。

一是组建名师工作室。名师工作室是集教学、科研、培训于一体的教师专业发展共同体，是名师引领、团队合作、资源共享、共同提高的教师专业发展群体。名师工作室围绕教师专业发展和课堂教学实践两方面，坚持问题导向、考虑学员需求，精心策划实施系列化主题活动。工作室的发展目标和任务需要团队成员有机融合，互帮互助，抱团发展。在塑造区域名师工作室品牌、推进名师工作室建设的过程中，涌现出了一批优秀学科骨干，加速了团队成员个人的专业成长。

二是深化集团化办学。集团化办学是推进教育优质均衡的有力抓手，也是满足教育需求和优化教育资源配置的有效对策。区域出台《吴中区教育集团化办学实施方案》，组建"522"集团化办学总架构，实现集团（联盟）校师资深度融合，开展集团校内部干部易岗、教师交流、师徒结对，组建集团校学科教研中心组，启动"集体备课＋公开课＋赛课"跨校区教研模式，相互借力、借智、借道，推动资源整合与差异合作，实现师资队伍深度融合，促进教师专业发展。

三是与高校建立合作互助关系。为进一步深入推进教育改革，解决教师专业发展过程中的共性问题，区域与华中师范大学、南京师范大学、苏州大学、苏州科技大学等高校合作，开展各类项目研究，依托高校专家，帮助教师精准定位学科理念，不断提升教师的认知，对教师的专业发展有很好的促进作用。

四是完善教师发展评价机制。科学合理的考核评价机制可以激发教师专业成长的积极性，把"要我成长"变为"我要成长"。近年来，吴中区采用多元的评价制度，在稳定队伍、职称评聘、评优评先等方面重构机制，建立教师"成长档案"，推进新老教师"青蓝工程"师徒结对"一帮一"带教活动，开展姑苏教育人才、东吴教育人才的选拔、培养，实行校长职级制，鼓励广大教师积极投身教改浪潮，助推教师在实践锻炼中快速成长。

教师队伍建设是一个系统工程，吴中区将以打造一支高素质的教师队伍为目标，遵循以人为本、尊重需求、促进成长的原则，用标准引领，用项目驱动，用竞争激励，用机制创新，为全区教师的专业成长注入不竭动力[2]，为推动吴中教育高质量发展而不懈努力。

【作者简介】吕敏敏，女，江苏省苏州市吴中区教师发展中心副主任，正高级教师，苏州市名教师。

参考文献

[1] 管杰.区域教师个体发展与群体发展融合推进——北京方庄教育集群教师队伍建设10年实践[J].人民教育，2023（21）：57—59.

[2] 普陀区.推进区域高端干部教师队伍建设[J].上海教育，2011（Z1）：19—20.

让思想政治理论课 "美" 起来

◎ 董 静 尤可晴 / 扬州大学马克思主义学院

摘 要 新时代思想政治理论课守正创新要挖掘其内在的美学意蕴，这是推动思想政治理论课内涵式发展的重要之举。在教师层面，要着力塑造思政课教师的师表之美，使其举止优雅、品德高尚、学识渊博，以高尚人格魅力感染学生、浸润学生、赢得学生；在教学内容层面，要着力优化思想政治理论课教学内容之美，让理论阐释富有深度之美，案例选取具备鲜活之美，价值传递彰显崇高之美；在教学方法层面，要着力创新思想政治理论课教学的方法之美，实现讲授方式呈现灵动之美，互动环节营造活跃之美，实践教学展现多元之美。

关键词 思想政治理论课 师表之美 内容之美 方法之美

党的十八大以来，党中央始终坚持把学校思想政治理论课建设摆在教育工作的重要位置。2019 年 3 月 18 日，习近平总书记在学校思想政治理论课教师座谈会上强调："思想政治理论课是落实立德树人根本任务的关键课程。""办中国特色社会主义教育，就是要理直气壮开好思政课，用新时代中国特色社会主义思想铸魂育人"。2024 年 5 月，习近平对学校思政课建设做出重要指示要求，守正创新推动思政课建设内涵式发展，不断提高思政课的针对性和吸引力，不断开创新时代思政教育新局面，努力培养更多让党放心爱国奉献担当民族复兴重任的时代新人。新时代办好思想政治理论课（以下简称"思政课"），增强思政课教学的亲和力、吸引力、说服力和感染力，提高思政课的到课率、抬头率、点头率、回头率，就必须要塑造思政课教师的师表之美，优化思政课教学的内容之美，创新思政课教学的方法之美。

一、塑造思政课教师的师表之美

思政课教学的质量取决于思政课教师的能力和素养。思政课教师要想受到学生尊重、赢得学生欢迎、获得学生认同，应努力塑造师表之美。师表之美包括外在美和内在美两个方面。对思政课教师而言，外在的形象美主要通过授课语言、教学仪态等体现出来。思政课教师要通过优美的语言架起教学者与教学对象之间沟通交流的桥梁，拉近师生之间的心理距离和情感距离，同时要以亲和力、感召力和吸引力的教学语言，将学术话语转变为生活话语，将教材话语转变为教学话语，将抽象话语转变为形象话语，将单调的话语转变为生动的话语，并借助大众的语言阐释深邃的思想，用通俗的语言阐明深刻的道理，从而让教学对象从这些语言中汲取营养、获取知识、净化心灵、陶冶情操。思政课教师的教学仪态要端庄和蔼、美观优雅。其着装要简洁质朴、庄重大方、整洁得体、富有文化涵养，展现积极向上的精神风貌。思政课教师的眼神、表情、手势等举止姿态应优雅端庄、自然大方，以其自身美的行为和示范为学生塑造美的形象，让学生增强认知美、感受美、理解美、欣赏美和创造美的能力。

思政课教师的师表之美除了美的外在形象，其内在的知识涵养、美学素养和人格修养也至关重要。思政课教师应具备丰富的知识储备，精通马克思主义经典著作，深悉中华优秀传统文化，涉猎其他学科知识，熟练、灵活地运用知识体系开展思政课教学，挖掘美学中蕴含的德育价值，优化美学在思政课教学中的实践模式。思政课教师作为教学者，在教学实践过程中引导教学对象感知美、领悟美、鉴赏美，其逻辑前提是教学者自身具备美学素养。思政课教师在思政课教学中要不断提高美学素养，创新美学设计的理念和方法，在教学情境、教学手段和教学内容等方面融入美学思想，满足学生对思政课程的审美要求。美的人格修养就是个体在道德、情感、

品格等方面所展现出的一种具有深厚内涵和持久力量的精神品质。思政课教师在性格、信仰、品德、才学、气质等方面的人格修养为教学对象提供了榜样示范，以其科学的理想信念、渊博的知识积累、深厚的思想底蕴、高尚的道德品行、儒雅的谈吐气质、豁达的人生态度为教学对象树立典范和楷模，使教学对象将道德认知内化为道德信念，成为自觉的道德选择。

二、优化思政课教学的内容之美

思政课教学内容是连接思政课教师与教学对象的重要桥梁和信息纽带，是构成思政课完整教学的基本因素。思政课教学内容不只是教材上的知识、信息、思想和理论，还包括思政课教师在教学过程中依据教学目标，参照教学大纲，关切教学对象性格特点、认知能力、心理规律、接受水平，以及国内外发生的时事热点等深化拓展的教学内容。

从美学的角度切入，思政课要呈现出有思想、有情怀、有内涵、有美感的教学内容。具体而言，思政课的教学内容要对马克思主义世界观和方法论，马克思主义立场、观点和方法进行抽象与概括，要将党把马克思主义基本原理与中国实际相结合形成的马克思主义中国化理论成果进行阐释与宣传，要对近代以来中华民族抵御外来侵略、争取民族独立、推翻反动统治、实现人民解放进行归纳与总结，要对社会主义政治教育、道德教育、法治教育、心理教育、劳动教育等进行凝练和升华。这些具有启蒙性、体验性、常识性、理论性

和探究性的教学内容，蕴含着政治之美、家国之美、道德之美、法治之美、劳动之美，是审美和认知的对象。它能够启发教学对象对美的理解、感知和想象，激发教学对象对美的爱好、追求和向往，使教学对象产生深刻的审美体验和精神感悟，引发教学对象的情感共鸣和美的愉悦，从而使理性内容的价值之美、理论之美、逻辑之美在思政课课堂生动展现。

三、创新思政课教学的方法之美

　　美学在思政课的有效实施取决于教学者在教学活动中能否选择和运用科学有效、高端先进、灵活多样的教学方法。思政课教学方法之美是愉悦教学、高效教学的关键所在。美的教学方法能够消解教学对象对思政课刻板、枯燥、无趣的认识，重塑思政课在教学对象心目中的形象魅力；为教学者和教学对象搭建对话、交流、沟通的平台，更好地帮助教学对象对教学内容的理解、消化和吸收；使教学对象产生美的感受，积累美的体验，获得美的力量。

　　在思政课教学实践过程中，思政课教师应紧跟时代、高瞻远瞩、审时度势，广泛运用新媒体、新技术、新手段、新平台，通过音乐、朗诵、表演等艺术美的渗透，创新探究式、启发式、专题式、情境式、流动式等教学方法，把文字与图片、知识

与情怀、观点与思想、感知与理性完美结合起来，以示范引导、技术运用、舞台实践、榜样激励、情境植入、情感体验展现思政课教学方法之美。以建构美、感受美、欣赏美的教学方法为手段，用美的语言吸引教学对象，用美的技术影响教学对象，用美的表演感染教学对象，做到以情感人、以理服人、以美育人，增强思政课的理论性、趣味性、思想性和艺术性，使思政课既有视觉体验、听觉刺激，又富有美感和鉴赏价值，让教学对象通过审美体验引发共鸣、产生愉悦，使其在美的艺术中深化对思政课美的感知和享受。

［本文系2024年国家社科基金一般项目"中国共产党文化自信自强话语体系建构研究"（编号：24BDJ078）和2023年度江苏高校哲学社会科学研究重大项目"新时代推进习近平新时代中国特色社会主义思想大众化研究"（编号：2023SJZD077）的阶段性成果。本研究得到2021年度江苏高校优秀青年思想政治理论课教师"领航·扬帆"计划、江苏高校"青蓝工程"、扬州大学"高端人才支持计划"资助。］

【作者简介】董静，女，扬州大学马克思主义学院讲师，法学博士，硕士研究生导师；尤可晴，女，扬州大学马克思主义学院硕士研究生。

基于课题研究的学校科研生态重构

◎ 陆瑞梅　储玲玲 / 江苏省海安市南屏小学

摘　要　教师的教育实践能力和科研能力的整体情况，是学校发展力的重要指针。海安市南屏小学以课题研究为抓手，促使"外引专家"与"内联酵母"携手、"群体共研"与"个体攻坚"共振、"课堂教学"与"课题研究"融合，很好地提高了学校办学品质，赋能师生成长。

关键词　课题研究　教育科研　师生成长

全面深化科研体系改革，切实提升全体教师教育科研能力，将对教师专业化水平和实践创新能力的提升大有裨益。[1]教师的教育实践能力和科研能力的整体情况，是学校发展力的重要指针。海安市南屏小学地处城乡接合部，大部分学生为外来务工人员子女或留守儿童，教师则为集团化办学人员整合中形成的一支年轻队伍。怎样才能把教师融合淬炼成一支优秀的队伍，让他们中的"每一个"过完整而又幸福的教育生活？怎样才能让学生的成长之花都找到适合的方式绽放，让"每一朵"都精彩？以课题研究为突破口，无疑是成就学生成长和教师专业发展的好策略，是提升学校教育质量和办学品位的一剂良药。

一、"外引专家"与"内联酵母"携手，盘活科研机制

学校大部分教师入校初期对课题研究的过程、方法没有明晰的认识。为改变教师"重实践轻理论"的观念，以及对课题研究的畏难情绪，学校管理层组织教师进行广泛的理论学习，厘清理论与实践的关系，明晰理论对实践的指导意义，明白实践中孕育理论的道理。

学校邀请专家对教师进行教科研培训，对教师的课题研究进行全面、系统的指导。学校隶属的海安市城南实验小学教育集团3位特级教师和多名学科带头人成为学科导师，每学期都通过多种形式对教师进行常态化的教科研辅导。学校逐渐涌现出一批善于观察、能够发现问题、肯于思考钻研的教师。学校支持那些具有教育科研敏感性的教师申报高级别的规划课题、教研课题，为他们提供课题研究、展示的平台，让他们能够走在课题研究的前列，成为课题研究的"酵母"。笔者陆瑞梅就是教师眼中的研究"酵母"，她以阅读民间故事为基

点开展语文综合实践，用一学期的时间带领学生读民间故事、讲民间故事，将民间故事改编成剧本并表演，举办民间故事大讲堂……师生取得了五六万字的实践研究成果。学校利用课题展示会、来访团专题交流会等让她走上前台，介绍课题研究心得，并把她的研究成果向相关杂志推介。正是广泛的民间故事研究素材的积累和研究经验的积淀，使得她成功申报了江苏省教育规划课题"讲好中国故事：过程哲学视野下民间故事课程群建设研究"，并形成了丰富的研究成果。在南屏小学，这样的研究"酵母"不时涌现，他们带动、指导和帮助其他教师开展教育科研，学校呈现出"各美其美，美美与共"的教科研氛围。

二、"群体共研"与"个体攻坚"共振，优化科研组织

课题研究是教育科研的起点和最实在的抓手。只有把学校全体教师都"卷"入课题研究中，全校才能形成一种积极向上的研究氛围。学校把课题研究管理写进三年发展规划中，提出"形成以主课题实验研究为龙头，子课题和微型课题研究并举的学校教育科研网络"，充分发挥年级部和教研组的团队作战优势，将课题研究、资源研发和日常教学紧密结合，提高教师的科研能力，形成类型多样、品位不断提升的教科研成果。同时，充分利用优秀的教科研成果来不断丰富、提升学校的教育、教学、管理形态，形成"群体共研"的氛围。比如，针对2022年新的课程方案和各学科课程标准中普遍提到的结构化问题，

学校组织全体教师共研，从中国传统哲学"万物一体"整体思想的认识到其在学科教育上强大生命力的理解，让教师队伍的理论认识走在前列。

在教师群体共研的基础上，学校组织教育科研中坚力量攻坚重大课题、实践难题。比如，学校针对新课改背景下学生学习方式的变革，校长室牵头申报了2022年江苏省基础教育前瞻性教学改革实验项目，立项后联合周边近30所学校共同推进项目实施，指导学生创作出3万多幅创意绘画作品，编辑《装满数学的图画书》等学生创意绘画作品集50多册，建成近200平方米的项目物型基地——小学数学"创意绘画学习"体验馆。再如，中国民间故事具有深厚的历史和文化价值，具有强大的精神力量，讲好中国故事，可以启发人们的思想，传递价值观念，塑造人的心灵，传承中华文化。

经过3年多的课题研究管理，目前学校已经拥有1个江苏省前瞻性教学改革实验项目、2项省级课题、1项市级课题和多项县级课题。教师或隶属于校内外某个课题组，或个人独立主持课题，全校呈现出"人人都是研究者"的良好教科研态势。

三、"课堂教学"与"课题研究"融合，提升科研品质

"用研究的方式来上课，用上课的方式来做研究，将课题研究和课堂教学做成一件事"[2]，不仅能够很好地应用课题研究成果，促进学科建设，提高教学质量，还能更好地提升学生的素养。省课题主持人每

学期都围绕研究，组织课题组教师上展示课，并辐射全校教师。3年来，课题组教师一共完成120节精品课例的打造，录制了50多节教学视频，建设了全套教材资源包，在省级刊物上发表近20篇论文。这些精品课例让新教师看到相关理念在课堂中落地，也萌生参加课题的愿望。

课题研究的最终指向是学生的成长和发展，学校制定考核细则，将课题研究与教研组特色活动相融合，让学生过上高品质的学校生活。比如"讲好中国故事：过程哲学视野下民间故事课程群建设研究"课题组的教师关注到，生源的复杂性给民间故事的搜集和传播带来了便利，拓宽了课题研究内容的广度。课题组教师围绕民间故事开展如下特色活动：一是利用假期回老家搜集当地的民间传说；二是绘民间传说连环画，用图文方式记录自己搜集的故事；三是在小组内讲述各地民间故事；四是小组合作进行剧本创作，表演民间故事；五是阅读中外民间故事，比较中外民间故事的异同，梳理中国民间故事的特色。丰富的特色活动满足了不同民族、不同区域学生的学习需求。学生通过与民间故事亲密接触，从中读出了中国味，记录、编写的民间故事道出了中国心，传播民间故事时更是讲出了中国情。课题组教师欣慰地看到，学生除了获得语言素养、思维能力等的综合提升，还很好地传承着中华优秀传统文化，树立起民族文化自信。[本文系2021年度江苏省"十四五"教育规划课题"讲好中国故事：过程哲学视野下民间故事课程群建设研究"（编号：XC-c/2021/39）的阶段性研究成果。]

【作者简介】陆瑞梅，女，江苏省海安市南屏小学教师，高级教师，海安市骨干教师，南通市优秀辅导员；储玲玲，女，江苏省海安市南屏小学教师，高级教师，南通市学科带头人，海安市南屏小学副校长。

参考文献

[1] 吴群英，顾红亚.解码教师科研能力的升级渠道[J].教育研究与评论，2022（8）：65—68.

[2] 薛法根.人在课中央，幸福教科研——"组块教学"的三重转化[J].教育研究与评论，2023（5）：10—14.

乡土文化校本课程开发的思考与实践

◎ 陈 虹 / 江苏省无锡市山北中学

摘 要 乡土文化作为中华优秀传统文化的一部分，是中华民族得以繁衍发展的精神寄托和智慧结晶。学校通过开发拓展乡土文化校本课程，创新课程教学内容形式，培育学生建立和铸就民族文化自信心，提升学生核心素养。

关键词 初中教学 乡土文化 校本课程开发 文化自信

教育的根本任务是立德树人，培养面向未来的学习者。新一轮课改旨在通过学校教育课程的革新，促使学校教育更快更好地适应社会经济发展。

教育课程的设置不仅是对学生培养目标的全面规划，更是对教育质量的顶层设计。如何使课程内容与教育改革的步伐保持一致？如何通过优化课程开发来加强学校的品牌形象和提升学生的综合素质？这些都是对教育管理者和教师智慧的考验。

一、乡土文化的内涵

中华优秀传统文化博大精深、源远流长，乡土文化则是其生命的土壤、活力的源头。乡土文化作为中华优秀传统文化的一部分，是中华民族得以繁衍发展的精神寄托和智慧结晶，需要我们去传承、弘扬和发展。乡土文化具有三个属性。

一是地域性。乡土文化是地域文化的具体表现，是特定地域的产物。中国有"千里不同风，百里不同俗""山歌不出乡，各是各的腔"的说法。地域性强调的是一种共性的总结。在中国，相同地域的人有着类似的饮食习惯和传统文化，比如过年时北方人吃饺子，南方人吃汤圆；再比如苏浙沪地区的人们大多喜欢越剧，而苏北里下河地区的人们则喜欢淮剧。我国各民族在一定的地域内聚居，创造出独有的民族文化，如蒙古族的那达慕大会、彝族的火把节、傣族的泼水节。这些都充分表明各个地区的乡土文化存在地域性。

二是特色性。乡土文化受地理环境、民风民俗等的影响，是一种具有独特个性的传统文化形态。所谓一方水土养一方人，呈现出浓郁的地方特色。比如，江南地区的无锡具有得天独厚的山水资源。这里水网密布、河流众多，紧邻长江，市区有太湖，京杭大运河穿城而过。先民兴修水利，开创了泽被中华的吴文化。随着经济往来，河湖文化在沿岸兴起，形成了全国闻名的米码头、布码头。锡剧也是由临时圈地表演的曲艺形式滩簧发展起来的。到了近代，民族工商业先驱敢为天下先，演绎了百年繁荣。无锡的山山水水不仅给人们提供物质基础，也孕育和积淀了独具特色、令人惊叹的文化硕果。

三是民俗性。民俗性是民间流行的风尚和习俗，它是乡土文化的底色。各地各族的乡风民俗不尽相同，它是滋养乡土文化的土壤，是乡土文化的根脉。无锡拥有丰富的文化传统，也形成了鲜明的民风乡俗，如无锡的民间手艺——惠山泥人、宜兴紫砂壶等；无锡的饮食习俗——太湖船菜、三凤桥酱排骨、油面筋等；无锡的民俗礼仪——腊月二十四送灶神、蒸糕团、贴春联等。丰富多元的乡土文化民俗孕育着劳动人民的生活智慧，凝聚着中华民族的集体记忆，维系着中华儿女世代延续和谐共生。

二、乡土文化校本课程开发的现实意义

因受到城市文明的冲击，乡土文化价值理念正在逐步缺失和退化。当代青少年有一种整体逃离乡土的倾向，对乡土有认识上的陌生感，情感上和心理上的疏离感，这就是失根，最终会导致一代人民族文化的缺失。如何增强学生对优秀文化的认同，逐渐引起教育者的极大关注。

一是传承和弘扬优秀民族文化精神。乡土文化校本课程的开发可以帮助学生汲取乡土文化的精华，更好地了解家乡的历史、文化传统和风俗习惯，拓宽知识面，培养学生的探究精神和核心素养。乡土文化有着很强的凝聚力和归属感，它维系着社会稳定和民族团结，丰富人们的精神生活，它更是一种精神力量，是人们的情感寄托、精神家园的归属。

二是拓展和创新课程教学内容形式。校本课程即以学校为本位，由学校自己确定的课程。它与国家课程、地方课程相对应。校本课程主要分为两类：一是使国家课程和地方课程校本化、个性化，即学校和教师通过选择、改编、整合、补充、拓展等方式对国家课程和地方课程进行再加工、再创造，使之更符合本校学生学习的特点和需要。二是学校设计开发新的课程，即学校在科学评估本校学生的需求，并充分考虑当地社区和学校课程资源的基础上，以学校和教师为主体，开发多样的、旨在发展学生个性特长的、可供学生选择的课程。乡土文化校本课程的开发可以作为现有教材的拓展，满足不同的需要，突出办学宗旨和特色。

乡土文化校本课程中有大量生动活泼、喜闻乐见的活动形式和元素，多采用走出学校实地研学的方式，与传统的说教与灌输教育有着天壤之别。乡土课程教育更具有探究性、趣味性和说服力，这种因地制宜的教育模式有助于提升教育的针对性和实效性，使教育更加贴近实际、贴近生活、贴近学生。

三是建立和铸就民族文化自尊自信。

习近平总书记指出："优秀传统文化是一个国家、一个民族传承和发展的根本，如果丢掉了，就割断了精神命脉。"文化自信是一个国家、一个民族发展中更基本、更深沉、更持久的力量，深入挖掘中华优秀传统文化蕴含的思想观念、人文精神、道德规范，结合时代要求继承创新，让中华文化展现出永久魅力和时代风采，这是新时代学校教育的神圣使命。乡土文化是文化自信的基石，它凝聚了当地劳动人民的智慧和心血，继承和弘扬具有独特魅力的乡土文化，更能坚定和铸就民族文化自尊自信。

四是有利于学生整体素质的提升。当前社会面临的问题和挑战愈加复杂且多变，以往单纯靠某一学科或领域的突破来带动技术整体发展的可能性正在逐渐变小。我们所要培养的是能够在未来面对真实情境和复杂问题的社会建设人才，因此教育者要从综合、长远育人的角度出发，为学生提供综合运用知识去解决真实问题的机会。学生对乡土文化校本课程的学习，与社会生活相关联，可以通过真实复杂的情境，实现学生知识的深化、扩展和迁移，注重综合和实践。综合化和实践化也是基础教育课程改革的国际趋势。学习乡土文化校本课程，有利于学生整体素质、综合素养的提升。

三、乡土文化校本课程开发的路径思考

一是延伸性开发。立足国家课程体系中的学科单元结构、核心知识，开发与乡土文化相关联的主题课程，使单元大概念、核心知识的学习充分下沉，让学生在熟悉和了解的真实场域和情境中，通过研讨、赏评、讨论、表达等多种形式的任务型学习活动，拓宽在延伸性课程中的学习视野，丰富、加强学习体验，从而形成对核心概念或知识的深度理解。比如：依托八年级语文上册教材中的综合性学习"身边的文化遗产"，教师开设"老北塘——身边的文化博物馆"拓展型课程，让学生运用教材中对文化遗产形态搜集、鉴赏、理解的方法，进一步迁移应用到对老北塘文化的深度关注和理解上，形成丰厚的人文素养。

二是补充性开发。将乡土文化中的元素与国家课程中的知识点、内容、资源联结起来，不仅可以丰富课程资源，还可以强化学生感性认识，激发学习兴趣，优化学科知识理解路径，夯实基本概念的掌握。比如：物理学科进行力学单元的教学时，开设"力学奇迹——老北塘古桥"的微专题课程；生物学科进行植物的光合作用单元教学时，开设"生命奇迹——老北塘古木"的微专题课程；化学学科进行爆炸原理的教学时，开设"物质奇迹——老北塘科学家徐寿的火药改良技术"微专题课程。这些学科关联性课程也可以体系化，形成微专题课程群，形成校本读本。

三是整合性开发。学校不断开发乡土文化特色社团课程，每周为学生提供体验渠道丰富的课程菜单，让学生在自主选择的基础上体验乡土文化。在精品"根课程"

上不断开发"子课程"，丰富学生文化体验。持续深度推进精品"根课程"，继续打造泥人、锡绣、祠堂楹联三门精品社团课程，从遴选学员到课程方案的制定和落实，均实现全程精细化管理；落实"课程创新"及"物化成果"任务导向，制定评价目标和细则，引导精品社团不断出新品，师生共同丰富精品社团课程资源，将三个精品社团逐步打造成学校对外展示的名片。不断开发实施精品"子课程"，在原有精品"根课程"基础上，发掘、整合各类课程资源，借鉴"根课程"课程模型和建设思路，适度扩大课程领域和范围，每学期尝试开发两到三门"子课程"，彰显"根课程"的辐射效应。例如，楹联社团延展出诗词创作社团，锡绣社团衍生出民间手工艺制作社团，泥人社团派生出现代造型艺术社团等，极大地丰富了课程内容和育化功能，优化了学校课程结构生态。

四、乡土文化校本课程开发的实践策略

一是设计乡土文化校本课程目标。课程目标是课程建构中的文化灵魂和核心要件，它直接体现和表达课程开发者的思想意志、价值取向、理想诉求和文化心理。乡土文化校本课程开发的目标是引导学生深入了解、体验和尊重本土的传统文化和历史，培养他们的文化自信心、满足感、荣誉感和归属感。通过对乡土文化的深入学习，学生能够全面理解其背后的历史、哲学、艺术和社会价值，进而成为

传统文化的积极传承者和推广者。强化学生对乡土文化的认同感和自豪感，增强其对本区域的归属感和凝聚力。结合乡土文化的特点，教授学生相关的传统技艺和实践活动，如民间艺术、手工艺、农耕文化等，提高他们的实践能力和创造力。同时培养学生在全球化背景下有效进行跨文化交流的能力，能够尊重并欣赏不同文化。

二是筛选乡土文化校本课程内容。乡土文化课程的内容应涵盖乡土文化的多个方面，包括历史沿革、风俗习惯、方言、传统艺术、建筑、手工艺等，让学生全面了解家乡的风土人情。同时，课程内容还必须兼具实践性，强调学生亲身体验和操作，应贴近学生的实际生活，激发他们的学习兴趣。在教学方法上，可以采用实地考察、学习传统技艺、采访、讲座等多种形式，让学生亲身感受乡土文化的魅力。同时，也可以利用多媒体技术，帮助学生更直观地了解家乡的风貌。

三是优化乡土文化校本课程形式。乡土文化课程的实施，根据课程架构可以分为基础型课程、拓展型课程和研究型课程三类，增强课程的互动性和参与性，鼓励学生积极参与课堂讨论、小组合作、项目化研究等活动，培养学生的团队合作精神和批判性思维能力；根据乡土文化的种类可以分为文学课程、历史课程、科学课程、艺术课程等。为了更好地实施乡土文化课程，学校开设楹联、锡绣、泥人等基础型课程，又开拓了诗词创作、民间手工艺制

作、现代造型艺术等拓展型课程。学校还开创性实施为期4个月的研究型课程"打造我们的文创市集"。

此外，学校依托"生态园地"劳动基地，开设"诗意田园"研究性课程，为学生提供更加精致丰富的学习实境，通过研究性课程的持续开发，为文化育人、课程育人转型输出经验。

四是建构乡土文化校本课程评价方式。乡土文化的校本课程旨在为学生提供深入了解和传承本土文化的机会，帮助他们建立对乡土文化的深厚感情，成为传统文化的积极传承者和推广者。基于巩固和发展学生必备品格和关键能力的基础课程和拓展性课程，可以采用学生自评、组内互评、教师评价的综合性评价方式。基于提升学生核心素养的研究型课程，需要学生通过不断反省克难才能最终解决问题，评价的重点要放在考查学生的学习态度、反思和创造性思维上，可以采用过程性评价和终结性评价。还可以通过学生的作品、调查报告、演讲等形式进行评价，鼓励学生积极参与乡土文化校本课程的学习。

乡土文化校本课程的开发与实施，对培养学生的乡土情感、传承地方文化具有重要意义。学校将进一步加强乡土文化校本课程建设，完善课程体系，提高教学质量，让更多的学生了解和热爱自己的家乡，也希望更多的教育工作者能够关注乡土文化教育，共同推进乡土文化课程的发展和创新。

【作者简介】陈虹，女，江苏省无锡市山北中学党支部副书记，高级教师。

育人方式变革的区域实践探索

——以泗阳县全科阅读工程为例

◎ 葛庆中 / 江苏省宿迁市泗阳县教育局

摘　要　全科阅读是一种全方位、多维度、立体化的新阅读模式。它有助于推进教育公平、建设书香校园、革新育人方式、促进师生发展。泗阳县教育局通过确立全科阅读理念、开发全科阅读课程、构建全科阅读课型、开展全科阅读活动、开展全科阅读评价等，积极探索全科阅读实施路径，取得了显著成效。

关键词　全科阅读　教育改革　学科融合

近年来，泗阳县以培育核心素养为育人目标，以落实"双减"政策为课程改革着眼点，创新立德树人教育方式，科学施策、精准发力，在义务教育阶段实施全科阅读工程。

全科阅读是一种全方位、多维度、立体化的新阅读模式，旨在引导学生打开阅读视野，跨越学科边界，打破学科壁垒，由学习阅读转变为阅读学习，实现知识的深度融通、融合，提升学生的核心素养与创新能力。

一、全科阅读的时代意义

一是有助于推进教育公平。过去我们多从宏观层面谈入学机会公平、整体教育质量公平，这反映的大多是形式上的、外在的教育权利和教育机会问题。而课程知识的选择、课程门类的设置以及课程的实施，体现了深层次的教育公平问题。从微观的层面来看，全科阅读打破了不同课程之间的专业壁垒，倡导各学科都重视阅读，提升学科教学质量和学习质量，从而保证学生在课程接触中的基本权利，有助于推进教育公平。

二是有助于建设书香校园。全科阅读改变了传统上认为阅读只是语文学科专利的看法，旨在建立学科间多结构的阅读形态。它将阅读活动融入各个学科的日常教育教学，将课堂变为阅读分享和讨论的平台，培养学生的阅读习惯，增强学生的阅读能力。从阅读主题、阅读活动到阅读氛围、阅读文化，层层深入，润物无声，促进了书香校园的生态化建设。

三是有助于革新育人方式。全科阅读构建了学科课程内容的开放格局，引导师生全方位地认知学科，通过阅读在不同学科之间建立联系,学会将各学科的知识融会贯通,综合运用所学知识解决实际问题。学生在全科阅读中能够更加辩证地体会学科之间的共性与差异,掌握不同学科知识的思维方式,成为新时代社会发展亟须的复合型人才,实现学科育人。

四是有助于促进师生发展。对教师而言,引导学生全科阅读,需要教师保持知识更新的良好习惯,自主发掘学科阅读资源并积累资源库,有利于提升教师专业素养。对学生而言,自主展开全科阅读,通过阅读学习解决学科问题,有助于培养学科兴趣、扩充学科知识、提升学习自主性。因此,师生都能借助全科阅读促进自主性发展。

二、全科阅读理念构建与实践探索

(一)确立全科阅读理念

1. 科研生成理念

泗阳县持续加大在全科阅读教学方面的教育科研力度。自2016年施行"大阅读"工程以来,已累计完成阅读类课题研究460余项,其中省级课题26项,市级课题28项,县级微型课题400余项。2017年,泗阳县教研室在实验小学率先开展全科阅读研究,研究项目"指向儿童立场的全科阅读课程建构与实施"被立项为江苏省基础教育前瞻性实验改革项目,于2021年顺利结题。2022年,泗阳县教师发展中心申报立项省教研室课题"基于课程标准建构素养化教学模型的实践研究"教改课题研究项目,全科阅读是其中一个重要子课题。在研究中我们总结生成了全科阅读的基本

理念,即从学习阅读转向阅读学习,编写了学生全科阅读能力操作指南。

2. 探索提炼理念

从概念来看,全科阅读包含阅读、学科阅读、全科阅读三个层级,其中最核心的是学科阅读。学科阅读是基于学科素材和学科语言特点,并采用符合本学科的阅读方式开展的阅读实践活动,如语文阅读、数学阅读、物理阅读、艺术阅读等,是围绕学科学习开展的一种阅读形态。全科阅读则倡导"多学科多读",将单科学习引向基于主题与概念的结构化的多学科融合学习,从智慧阅读走向智慧学习。

3. 培训落实理念

为了落实全科阅读的理念,我们开展了三级培训:一是县级领雁培训,依托教师发展中心"三室一站"培训系统及"泗水教育讲坛"等平台,组织各学科教师开展全科阅读培训,提升学科教师阅读指导水平;二是学科骨干培训,各学科指导教师上好学科阅读指导课,探索实践"导读评一体化"全科阅读模式,探索全学科协同式阅读、跨学科项目式阅读等;三是校本个性培训,各义务教育学校依据《泗阳县义务教育阶段"全科阅读"工程实施方案》,开发建设个性化的全科阅读实施办法,做好阅读素材选编、阅读策略培训、阅读活动设计、阅读教学实施、阅读效果评价等工作。

(二)开发全科阅读课程

1. 制定全科阅读课程方案

泗阳县聚焦全科阅读品牌项目实验成立领导小组,全面部署全科阅读实验实施

工作，深入基层调研指导，引导学校更新办学理念、提升师生人文素养，让"阅读是最好的学习"这一理念落地生根、开花结果。泗阳县先后出台《泗阳县义务教育阶段"大阅读"工程实施方案》《泗阳县义务教育阶段"全科阅读"工程实施方案》等文件，有力保障全科阅读工程的实验开展。

2. 搭建全科阅读课程框架

一是建立全科阅读课程系统。站在学生立场，围绕学科学习，结合素养化"三学"课堂教改实践，构建基于教材的"大单元主题式"全科阅读课程体系和基于跨学科学习视域下的"大主题项目式"全科阅读课程体系。二是出台学科阅读指导意见。义务教育阶段各学科围绕学科课程，结合阅读学习的基本形式，拟定学科阅读课程内容，并根据不同的学段和单元的教学要求进一步细化。三是学校开发校本阅读课程。学校根据校情，自主开发富有特色的校级品牌阅读课程。

3. 探索全科阅读课程的实施路径

全科阅读课程的实施需要学校、教师、学生、家长四个主体协同配合，形成全科阅读全员参与系统。其路径为：学校根据《泗阳县义务教育阶段"全科阅读"工程实施方案》整体构建学校全科阅读课程；教师根据教学需求，从学校的阅读课程体系中选择并研发适合学生学科学习的阅读课程；学生根据学习需求，开展学科阅读与跨学科阅读，解决学习问题；家长依据学生的阅读习惯、阅读兴趣等，在学生阅读学习时给予帮助与支持。也可以基于学生与家长的需求，教师提供阅读资源帮助学习，学校构建基于学生需求的全科阅读学习课程。

4. 建设全科阅读课程的保障资源

以书香校园建设为契机，打造全科阅读物型文化。一是持续加强图书馆、阅览室等阅读场馆建设，不断完善相关管理制度，为广大师生提供良好的阅读环境以及充足的图书资源保证。二是各校根据学生全科阅读的需要，因地制宜，精心设计、建设校园阅读展示长廊，将走廊、过道、楼梯间、活动场都打造成传递阅读理念、提供阅读分享的读书吧、微舞台。三是每个教室围绕阅读学习，建设班级微型图书馆。

（三）构建全科阅读课型

1. 大单元主题式阅读，以单科学方法

各学科充分结合自身特点，探索各具特色的单元主题，引领学生开展基于教材单元的主题阅读，如语文文学阅读、数学故事阅读、英语绘本阅读、科学知识阅读等。构建教读、自读、课外阅读"三位一体"的阅读教学体系，将自主阅读与集体阅读相结合、广泛阅读与精细阅读相结合、个体深读与交流研读相结合。通过单元导读、分享展示、读写联动等，积极引导学生与教材内容、链接资料、经典书籍进行对话，帮助学生提高阅读兴趣，养成阅读习惯，掌握阅读方法。

2. 全学科协同式阅读，以全科育智慧

全学科阅读围绕课程聚焦的特定主题，各学科依据课程标准内容，结合学段要求，根据学生的认知发展规律，通过阅读这一共同活动，促进不同学科之间的交流与融合，提高学生的综合素养和阅读能力，实现智慧学习。

3. 跨学科项目式阅读，以研究促素养

围绕学科"大主题（大概念）"开展项目式阅读，帮助学生从主题（概念）出发，树立项目思维，依托跨学科项目化学习，促进阅读、内化、迁移、创造，解决学科学习与生活问题，形成素养化的实践能力。

（四）开展全科阅读活动

1. 打造全科阅读品牌

在县域层面，以"一节""两假""两行动"为统领，助推全科阅读工程有效开展，保障"书香校园""书香泗阳"建设。"一节"指阅读节，通过开展阅读节系列活动，丰富全科阅读展示。"两假"指寒假和暑假，即通过"缤纷寒假"全科阅读实践活动和"激情夏日"暑期全科阅读实践活动，引导学生利用假期开展跨学科阅读。"两行动"是指"全民阅读春风行动"和"全民阅读1计划·百日集中推广行动"，将全科阅读工程与市县开展的书香城市创建工作相结合，在1至3月和9至12月两个时间段集中开展全科阅读专项行动。

2. 创新学科阅读活动

各学段、各学科根据自身特点创新开展多样化的阅读活动，丰富阅读形式与内容，激发学生阅读热情，全面提升核心素养。语文学科，着力开展师生经典诵读、阅读分享会、"红领巾"读书征文、"童心里的诗篇"儿童诗创作大赛等主题活动，提升学生的阅读品质和创作水平。数学学科，着力开展"有趣的数学"数学故事创作比赛，促进学生的想象力和数学思维发展。英语学科，结合学科特点开展课内外融合、英语绘本等主题阅读，以及一年一度的英语课本剧表演比赛。美术学科，将学科与广阔的世界连接，开展"我爱家乡"作品征集等活动，引导学生以审美的情思关注生活、热爱生活。

3. 搭建多维阅读平台

义务教育学校在"一节""两假""两行动"全科阅读活动框架下，为学生搭建多元、多样的阅读展示平台，积极营造全科阅读的良好氛围。首先，各学校根据全科阅读方案，因校制宜，开展全科阅读推广示范项目创建活动，如双语实验学校的"统整公益阅读"、第二实验小学的"师生家校多维阅读"等。其次，各学校规划阅读周期，引导学生充分利用碎片化的时间，养成阅读习惯，如晨诵、午阅、晚读、课堂定时阅读、假期"悦"读等。最后，各学校积极联动社会资源，构建全息式的阅读场，将阅读融入学生生活的方方面面，如班级图书角、校园图书馆、家庭书房、社区书屋等。通过以上举措，着力探寻全学科的阅读策略，打造校级全科阅读品牌，引领、鼓励师生主动参与阅读，助力书香校园建设。

（五）开展全科阅读评价

1. 构建全科阅读评价机制

基于全科阅读工程实施的实际，构建"县—校—班"三级阅读素养评价机制。县级层面评价，主要是针对学校阅读开展情况和阅读效果进行评价；校级层面评价，主要是针对班级阅读开展情况和效果进行评价；班级层面评价，主要是针对学生个人阅读情况及效果的评价。学校、班级层面可以以县级评价体系为基础，完善自己的评价体系，并根据校情、班情积极创新，促进阅读评价的开展。

2. 开展全科阅读过程性评价

针对学校开展的全科阅读活动的实施情况，可从阅读活动的方案架构、组织形式、活动过程、活动效果、学生参与度等方面进行过程性评价。过程性评价重视非预期结果，各个学校开展全科阅读的过程是丰富多样的，因此不能基于目标导向做出简单的价值判断。凡是有价值的实施结果都应该得到肯定，这样才能激发学校推行全科阅读的积极性，达到以评促读的目的，引导学生养成爱读书、读好书的良好阅读习惯。

3. 实施全科阅读结果性评价

针对学校开展全科阅读的实效性，可从以下方面进行结果性评价：一是每学年举行一次义务教育全科阅读素养大赛。各学科根据学科特点把阅读任务评价融入全科阅读评价，通过书面调研的方式，既评价阅读参与情况，更注重评价阅读效果。二是每学年举行一次"书香"系列评比。评选"十佳书香校园""十佳阅读推广人""书香学生"，表彰学年内在全科阅读推广过程中涌现出的先进学校、教师与学生，树立典型，引领全县全科阅读工作高质量开展。三是将全科阅读工作纳入学校学年高质量考核标准。对学校在本年内全科阅读工作中取得的成绩以及社会影响力进行综合评价，并将评价结果纳入学校高质量考评，以考核促行动，推动书香校园建设。

三、全科阅读的实施效果

一是教学质量显著提升。2023年，泗阳县在高考取得进步的同时，全县中考成绩逐年攀升，市局年度考核成绩良好。在省学业质量监测中，泗阳县义务教育学校学科阅读方面相关的指标也大幅提升，其中八年级学生成绩标准达成指数为97，全省为94；高层次思维能力指数为49，全省为46。

二是学习理念自觉转变。随着全市"三学"课堂教学改革不断深入，泗阳县抓住契机，深入落实，转变学习理念，提出素养化"三学"课堂教学改革与全科阅读有效融合，积极探索实践，形成"阅读—思考—表达"课堂学生学习方式，让学习阅读真正转变为阅读学习，学生的学习理念悄然转变，学习力不断提升。

三是课堂改革成效显著。教师在全科阅读项目实验的引领下，转变教育观念，变革教学方式，全县义务教育阶段课堂教学改革成效显著，师生素养全面彰显。全科阅读实施三年来，师生在各级各类评比中取得显著成绩。学生的读写素养也在全科阅读中得到提升。

【作者简介】葛庆中，男，江苏省宿迁市泗阳县委教育工委委员、教师发展中心主任，高级教师，宿迁市初中语文学科带头人。

南通教育高质量发展模式对县域教育改革发展的启示与应用研究

◎ 刘步荣 / 江苏省盐城市建湖县教育局

摘　要 本文通过深入研究和实地考察南通地区的教育实践，走访海安、如皋、海门、崇川四地的教育主管部门和十所学校，沉浸式体验这些学校的办学文化和教育理念，探讨了南通教育高质量发展对县域教育发展的启示。通过解析南通教育模式的关键特征与核心理念，分析南通教育模式的先进经验与借鉴意义，提出县域教育改革与发展的策略建议，旨在通过深度学习和借鉴南通教育的成功经验，推动县域教育的持续发展和提升。

关键词 南通教育　县域教育　教育发展　深度学习

南通素有"教育之乡"的美誉，教育质量一直处于全省乃至全国领先地位，教育已成为南通高质量发展的精彩缩影。深厚的人文积淀和崇文重教的优良传统，使南通的基础教育质量一直保持着高位发展的良好态势。县域教育作为中国教育体系的重要组成部分，面临着资源有限、师资力量薄弱、教育质量参差不齐等问题。因此，深入研究南通教育模式，探索其对县域教育的启示，对推动县域教育的均衡发展具有重要的现实意义。近年来，南通教育更是以其先进的教育理念、科学的教育方式和优异的教育成果，成为全国各地学习的典范。本文试图通过深度学习和借鉴南通教育的成功经验，探讨其对县域教育发展的启示，以期为县域教育的改革与发展提供有益的参考。

一、南通教育模式的关键特征与核心理念

从走访调研现状来看，南通各区市学校办学特色鲜明，办学成果丰硕，呈现出"各美其美，美美与共"的优质发展新样态。概括起来，南通教育高、深、实、细、强、全，这是它们和而不同办学图景背后的共同价值坚守，也是县域教育可持续发展所要学习的价值理念。

一是政治站位高。高度的政治站位，使得南通在落实国家最新的教育政策时，能够迅速响应、精准施策，确保政策红利

最大化。高标准落实国家政策，为南通打造现代化教育高地、新时代"教育之乡"注入新的动能。

二是文化底蕴深。南通大多数学校的起源都可追溯到百年之前，百年的风雨、百年的奋斗，形成了历史厚重、底蕴深厚的文脉积淀，谱写了一曲曲"百年树人"的华章，形成了一定的文化体系和标识。

三是教学研究实。在南通，全员教科研已经蔚然成风，呈现出既有一体化自上而下的体系性建设，又有扁平式自下而上的个性化研究，早已告别"单兵作战"的时代，打破了区域和学校的界限。

四是管理制度细。南通的学校一直致力于精细化、科学化和制度化的全方位管理，将主要精力放在以质量求生存、以管理求发展上。他们坚信教学质量是管出来的，通过精细化管理，找到适合每一所学校的发展路径，并关注到每一名学生的成长轨迹。

五是队伍建设强。南通提倡教育家办学，而不是社会活动家办学。遴选出来的书记和校长精通业务、擅长管理、群众认可，具有深厚的教育情怀。坚持"让最好的人当老师"的原则，招聘优质的师资充实到队伍中。

六是学生素养全。减轻学生负担是"治标"，提高课堂教学质量是"治本"。南通坚持"五育"并举、标本兼治，不仅关注课堂教学，还注重课后辅导和素质拓展。教师在传授知识的同时，还注重培养学生的思维能力、创新能力和实践能力。

二、南通教育模式的先进性分析与经验借鉴

随着国家对教育均衡发展的重视，县域教育得到了更多的政策支持和资源投入。南通教育模式的成功经验为县域教育提供了可借鉴的范例，南通教育模式在县域推广具有一定的可行性，县域教育改革的迫切需求为南通教育模式的推广提供了动力。

南通教育模式在县域推广也面临着挑战。首先，县域教育资源相对匮乏，难以实现均衡分配。其次，县域师资力量薄弱，教师专业发展和培训体系不够完善。再次，县域教育管理相对落后，缺乏科学的评价体系和激励机制。最后，县域社会经济条件和文化背景与南通存在差异，南通教育模式的推广需要考虑地方特色和实际需求。

（一）规划均衡发展

南通是全国首批义务教育发展基本均衡的地级市，南通教育模式强调教育资源的均衡分配，确保每个学生都能享受到公平而优质的教育。南通通过全面规划和科学布局，推行建设"优质校+新学校+薄弱校"的教育集团新模式，全市共有97个义务教育集团，覆盖了459所成员学校。集团间通过资产管理和教育教学的纽带，以师资力量和学科建设为重点，在充分保障教育质量的同时，实现了优质资源在市、县、区之间的相对均衡分布，使各学校都能公平受益。例如，海门组建了12个义务教育管理集团，形成了"城区优质学校+农村薄弱学校"的联盟型集团办学新模式，以及"城区优质

学校 + 城区新建学校"的联合型集团办学新模式；如皋组建了 7 个教育集团，覆盖城乡 33 个校区，以优质品牌学校推动城乡优质、均衡发展。这些办学新模式推动集团内部管理经验交流、教学科研联动、优势资源共享、教师队伍共建。

（二）注重素质教育

南通始终坚持"人的教育"这一核心教育理念，落实立德树人根本任务，健全"五育"并举的育人机制，促进学生人格健全、心理健康、适应社会，全力培养"三观"正、学习好、品行优、身体素质强、综合素养好的学生。南通教育模式注重学生的全面发展，强调素质教育。南通教育人认为素质教育的主阵地是教学，主动力是学生，主战场是课堂。南通教育模式通过发展素质教育，以教学质量为中心，使得南通连续多年高考成绩在江苏省名列前茅。

（三）强化师资培养

南通教育模式重视教师队伍建设，通过实施教师资格制度、开展教师继续教育和专业培训等措施，不断提高教师的专业素养和教学能力。南通教育界名师辈出，有一大批享誉全国的著名教育家，比如：全国道德模范、启秀中学教师李庾南，坚守讲台 60 多年，创设"自学·议论·引导"教学法；全国教书育人楷模、南通师范第二附属小学教师李吉林，创立了情境教育理论体系及操作体系，在全国产生较大影响力。南通名特优教师培养体系完备，数量充足。以如皋为例，计有"苏教名家"培养对象 6 人、省特级教师 16 人、省教学名师 6 人，示范引领作用发挥明显。南

通的师资培养模式为教育质量的提升提供了坚实的基础。南通鼓励优秀高三毕业生填报"985""211"师范类院校，并签订回原籍工作协议，同时招收当地优秀初中毕业生，着力培养"七年贯通培养定向师范生"，推进实现乡村教师定向生培养全域覆盖，培养了一批"下得去、教得好、留得住、发展优"的本土化优质师资。

（四）优化教育管理

南通教育模式实行科学的教育管理，通过建立完善的教育评价体系和激励机制，提高教育质量和效率，坚持按规律办学、按规律育人，牢牢抓住"双减"等政策机遇，坚持向精细管理要教学效率，向教学效率要育人质量。南通的教科研工作组织体系完善，工作制度健全，研训部门每年都分不同层次对教师进行各类培训，坚持做好入口关与培训关、一线教学与教学科研、集体智慧与个性特色、年轻教师与成熟教师、激励关爱与严格管理等"五个结合"，搭建教师专业成长新平台。优化教育管理为教育的持续发展提供了有力保障。

三、县域教育改革与发展的策略建议

以建湖县为例，自 2017 年启动与南通海安市合作办学以来，双方在师资培养、教学科研、学生发展、信息资源共享等方面建立自主合作、互惠共赢、灵活多样、高效运行的联动机制，双方每年互派教育管理团队深入调研，共享先进的教育理念和管理经验，实现资源互补，助推双方教育高质量发展。双方鼓励、支持两地同学段学校通过建立友好学校等形式加强办学

合作。自合作以来，建湖县学校在办学理念、教学管理、课堂改革、学科竞赛、优生培养等方面都有了一定的转变。2024年，建湖县实现了县域内义务教育阶段所有集团校、联盟校与海安各集团深度合作办学的全方位覆盖。同时，我们要求各校既要保持自身潜在的特质，因校制宜，实施海安经验校本化实践，又要把学习到的经验和成果更好地内化为理念，外化于行动，推动学校教育改革向更高处迈进。

（一）坚持质量核心

一是推动层级发力。政府层面应出台相应的政策，为县域教育改革提供支持和引导，这包括财政投入、师资培训、教育评价体系的建立等。县域主管部门委派教育管理团队赴教育强县进行实地考察调研，学习借鉴其改革成果和成功经验，拓宽县域教育改革思路，找准教育发展前进方向。教师发展中心、教研室共同建立县域教育改革的监测和评估机制，定期对教育改革的进展和效果进行评估，及时调整和优化推广策略。

二是建强师资队伍。加强县域教师的培训和专业发展，提高教师的教学能力和专业素养。同时，通过优惠政策吸引优秀教师到县域任教，提升县域教育的整体水平。县域各学段管理人员到教育强县对应学段挂职锻炼，选派教学、教研能力较强的中青年教师组团赴教育强县中小学跟班学习，参与学科主题式教学研讨活动，实现师资队伍的学能转化。

三是细化质量目标。借鉴教育强县办学经验，坚持问题导向，逐步完善教育质量目标管理、监测评价、问责激励机制。县域内各校对照目标，有针对性地补短板、强弱项，全面提升各学段教育教学质量。县域定期邀请教育强县的教研员来对域内进行教学视导，并就学科教学提供指导意见，为学科建设工作把舵领航；域内各校结合自身研训特性实施校本化实践，实现结构性优化提升。

四是推进优质均衡。深化县域内教育集团改革，促进集团内各校区均衡发展，强化校际联盟，以城带乡、以强扶弱，带动薄弱学校发展。联盟内组建副校长、中层管理人员、骨干教师团队到薄弱学校轮岗交流，以团队力量带动薄弱学校整体提升，构建学校高质量发展运行机制，在学科组建设、课堂教学改革、集体备课管理、校本资源建设、学段衔接课程开发等领域实现更深层次的合作与交流。

（二）提升教研实效

一是加强研训队伍建设。优化教研工作体系，整合县域教师发展中心的培训职能和教研室的教研职能，实现以教研室为主导的"研训一体化"建设。严把教研员入口关，从骨干教师中选拔组织能力强、业务素质硬、质量意识高的人员担任教研员，柔性配齐配足各学科兼职教研员，形成具有县域特色的教学教研全流程范式，整体提升县域教科研工作水平。

二是完善教研员考评机制。加强县域内教研员的学科质量考核。首先，以学科质量为重点考核教研员；其次，综合考核教研活动组织、教学业务竞赛、学业质量监测、青年教师培养等方面的实绩。对学科质量在低位徘徊的教研员实施退出机制，对实绩突出的教研员考虑让其享受副校长待遇。

三是成立学科中心组。建立教研员与学科名师联合教研机制，引领学科建设。按学科从市级骨干教师中遴选3—5人建立学科中心组，协助教研员参与课堂教学改革、学情调研命题、联盟教研活动、薄弱学校指导。成立一批学科基地学校，选派优秀教研员到学校挂职副校长，强化业务引领，强势推进学科质量提升。

四是推行校本化教研。以提升学生核心素养、促进学生全面发展为总体目标，以发展更高质量的县域教育为主要任务，以打造校本化教程和个性化学程为具体抓手，在国家课程框架下建设具有地域特色的课程实施体系，全面提升县域中小学课程教学建设水平。鼓励教师参加业务竞赛、论文撰写、课题研究、作业设计等校本教研工作。

（三）注重过程管理

一是优化备课模式。持续强化课程、教程、学程的"三程"建设，实施"骨干领备、个人复备、资源储备"的"三级备课"模式，集聚众人智慧，形成共享资源，就课标、教材、作业等方面深度开展教法学法的研讨，根据学情择优选用。

二是推进课堂改革。推进基于情境、基于问题的教学改革，聚焦学科核心素养，明确学生在课堂中的"学、问、思、辨、行"的具体达成度，强化学生在课堂教学中的主体地位，实现以教为中心向以学为中心转变。建立校长听课、同伴辩课、专家评课的听评课制度，实时监控、评价课堂教学质量，切实提高课堂效率。

三是强化作业管理。优化学业质量评价方式，着力作业试题研究，学习南通"四精四必"的作业要求（"四精"是指精选、精练、精批、精讲；"四必"是指有练必躬、有发必收、有收必批、有批必评），通过出台作业管理办法、建立作业公示制度、完善课后服务内容等举措，减轻学生过重的学业负担，做到提质增效。

四是注重质量反馈。县域与其他教育强县联合质量监测，联合命题，同步考试，统一批改，数据共享，共同进行质量分析，查找不足与短板，采取有效措施，促进学校教学质量快速发展。常态化开展县级质量监控、分析反馈，强化学科质量和班级质量考核，在骨干教师评选、职称岗位评聘、绩效工资考核中向学科质量水平排名靠前的教师倾斜。对备课组和班级成绩进行集体考核，强化团队意识和质量意识。

四、结语

南通教育模式的成功经验为县域教育提供了宝贵的启示。县域教育在借鉴南通教育模式的有益做法、学习南通高品质办学经验时，应注重实践性和操作性，制定符合自身特色的教育改革方案，不断探索适合本地区发展的教育改革之路。通过均衡教育资源、加强师资队伍建设、推广素质教育和改进教育管理等，县域教育有望实现跨越式发展，为培养更多优秀人才做出贡献。

【作者简介】刘步荣，男，江苏省盐城市建湖县教育局党委书记、局长。

以产教深度融合赋能职业教育创新技能型人才培养

——评《职业教育创新技能型人才培养模式：基于产教融合视域》

◎ 方翰青 / 江苏理工学院教育学院

摘 要 《职业教育创新技能型人才培养模式：基于产教融合视域》贯穿产教深度融合的理念，科学树立职业教育创新技能型人才观，明确了职业教育创新技能型人才的基本概念、素质结构与主要特征。在充分借鉴国内外职业教育产教融合人才培养经典模式基础上，从目标、内容、原则、途径等方面创新性地构建了职业教育创新技能型人才培养体系，创新了职业教育管理和课程教学模式。

关键词 产教融合 职业教育 创新技能型人才 新质生产力

2021 年全国职业教育大会创造性地提出了建设技能型社会的战略理念，同时开启了我国职业教育事业发展的新征程。以"大国工匠"为代表的创新技能型人才是一个国家核心竞争力的重要体现之一。随着产业结构的转型升级和人工智能的快速发展，行业企业需要的不只是普通技术技能型人才，更需要大批能够适应未来产业链、创新链发展的创新技能型人才。近年来，创新创业研究越来越受到很多国家的重视，一些发达国家也迅速将职业教育创新技能型人才的培养提上教育议程。

江苏第二师范学院蒋波教授的专著《职业教育创新技能型人才培养模式：基于产教融合视域》在明确创新技能型人才基本概念、素质结构和主要特征的基础上，深入剖析了职业教育产教融合人才培养模式的机制，构建了产教双方在利益、人员、资源、技术、制度和文化等方面融合的长效机制，系统梳理了国内外经典的产教融合模式，将产教融合的创新理念、机制和举措应用于构建职业教育创新技能型人才培养体系。

一、科学树立职业教育创新技能型人才观

党的二十大报告指出，"推进职普融通、产教融合、科教融汇，优化职业教育类型定位"，"深入实施人才强国战略"，努力培养造就"卓越工程师、大国工匠、高技能人才"。创新技能型人才主要是针对职

业教育培养的人才而言的，并非技能型人才和创新型人才的简单叠加。培养创新技能型人才绝非全面否定传统技能型人才。对职业教育而言，如果说在工业经济时代培养的是以"机械化""自动化"为标志的技术工人，那么在以创新为核心的人工智能时代，职业教育所培养的应该是以"创新性""开放性"为灵魂的创新技能型人才。

该书提出的创新技能型人才的基本特征明晰，即具有精湛的职业技能、良好的创新能力、优秀的创新个性和卓越的工匠精神。他们是能够在工作实践中创新性解决关键技术难题的特殊人才。新时代工匠精神的表征凸显勇于创新的精神和执着创业的信念，创新与创造是工匠精神的精髓。[1]创新技能型人才的素质结构涵盖专业发展和创新发展两方面，包括一个以知识素质、能力素质和个性素质为核心的多层级系统。

当前的职业教育存在人才培养目标重技能轻创新、课堂教学重知识轻应变、学生发展重就业轻创业等现象，这不仅影响学生综合素质的提升，也影响其未来的职业成就，进而制约经济社会的发展。职业院校创新技能型人才的培养要及时从学校"主阵地"转为校企"双课堂"，从关注学生就业到促进学生多元发展，不断提升人才的综合素质，进而满足人工智能时代经济社会的发展需要。

二、基于产教融合视域的职业教育创新技能型人才培养

职业教育产教融合的本质是在市场经济体制下重构职业院校与企业之间的组织关系。[2]产教融合、校企合作是职业教育的基本办学模式，是实现创新技能型人才培养和职业教育高质量发展的关键。当前产教融合存在融而不合、合而不作、貌合神离等诸多痛点、难点和堵点问题。通过产教深度融合，可以有效提升职业院校学生的适岗能力、职业能力和创新能力，缩短创新技能型人才的培养周期，使学校培养目标能紧密对接企业需求，逐步提升人才培养的针对性和适应性。

该书探讨在产教融合背景下职业院校人才培养模式的转型发展，通过探索以行业企业产业为依托，充分发挥行业企业的优势，吸引并激励行业企业参与职业教育办学，将前沿技术、设备标准、市场信息等融入职业教育人才培养全过程，按照行业企业产业的先进理念和标准，实现教学与生产的深度融合，注重学生专业技能与创新能力的培养，以培养出更多能适应产业发展和社会需求的创新技能型人才。

该书力求将产教融合理念与创新创业导向紧密融合，充分汲取产教融合与创新创业的政策文件精神，以及理论研究、国内外实践探索的相关成果，系统探讨创新技能型人才的发展特征、成长机制和影响因素。该书重点介绍了德国、美国、英国、澳大利亚、日本、新加坡等国的产教融合人才培养模式，并为国内职业教育提供了诸多启示：从人才培养目标、内容、原则和途径等方面构建创新技能型人才培养模式，在此基础上系统构建了职业教育创新技能型人才培养体系，提出了职业教育管理、课程教学改革等方面的创新思路与策略，为职业教育创新技能型人才培养提供了实践基础。

三、新质生产力赋能职业教育创新技能型人才培养

面对我国经济社会发展的新形势，2023 年 9 月，习近平总书记提出"加快形成新质生产力，增强发展新动能"的要求。新质生产力代表生产力演化过程中的一种能级跃升，是新时代更具融合性、更能体现新内涵的生产力，对职业教育高质量发展具有重要赋能作用。面向新时代培育和发展新质生产力，行业企业需要职业院校培养大批创新技能型人才。该书具有一定的前瞻性，提出要遵循产业转型升级规律，科学构建创新技能型人才培养模式，统筹推进职业教育高质量发展。

新质生产力对劳动力结构带来显著的需求变迁，为技术技能人才能力培养带来新的挑战。[3] 发展新质生产力需要培育壮大战略性新兴产业、超前布局发展未来产业，必然需要"大国工匠"、能工巧匠和大量新型产业工人。[4] 从创新技能型人才培养角度看，要促进新质生产力各要素优化，提升人才的创新力和竞争力。在新质生产力背景下，职业院校在教育教学全过程要充分利用人工智能技术，不断探索多元培养模式，打造新质多样化的创新技能型人才。

总之，在人工智能时代，特别是在新质生产力影响下，职业院校要不断创新课程体系和内容资源，完善创新技能型人才培养的课程模式、学科渗透模式、活动竞赛模式、潜课程模式和个别指导模式；要充分应用人工智能技术助推职业教育形态跃迁，确立多元复合型的人才培养定位，培育"数字素养＋工匠精神"的高水平技能人才。[5] 职业院校要指导学生进行技能创新、文化创意，积极推进创新创业实践，帮助学生搭建创新实践平台，持续培养能够充分满足社会发展需求的创新技能型人才。

【作者简介】方翰青，男，江苏理工学院教育学院教授、职业心理研究所所长，江苏省心理学会副理事长，江苏省首席科技传播专家。

参考文献

[1] 陈建录，袁会晴. 高校创新创业教育中的工匠精神培育 [J]. 教育研究，2018，39（5）：69—72.

[2] 郝天聪，石伟平. 从松散联结到实体嵌入：职业教育产教融合的困境及其突破 [J]. 教育研究，2019，40（7）：102—110.

[3] 郭轶锋，高珂. 新质生产力条件下技术技能人才能力培养的挑战与对策分析 [J]. 中国职业技术教育，2024（10）：34—40.

[4] 李名梁. 培养新型技能人才推动新质生产力发展的理性审思 [J]. 职教论坛，2024，40（4）：17—19.

[5] 谢德新，单雪荣. 人工智能时代职业教育的生存挑战、自我适应及实现路径 [J]. 职教论坛，2024，40（11）：108—114.

人文与科学共生：娄东致和文化课程的开发与实施

◎ 邱剑锋 / 江苏省太仓市实验高级中学

张　芳 / 江苏省沙溪高级中学

摘　要　从发展健全人格的基本条件来看，人文素养与科学精神共生式的培养既是发展方式也是必要条件。娄东致和文化课程让学生在文化熏陶和探究实践中培养能力、锻造品格，全面提升素养，从而为学生的终身发展奠基，进而推动学校文化内涵建设，形成学校育人模式的独特个性。

关键词　娄东致和文化　课程开发　课程实施

习近平总书记在 2024 年全国教育大会上强调，要坚持不懈用新时代中国特色社会主义思想铸魂育人，实施新时代立德树人工程，为我国教育发展指明了方向与目标。新时代下对人才的培养不能仅仅立足于科学素养的发展，在顶尖领域的研究力比拼更需要人文素养的支撑。从发展健全人格的基本条件来看，人文素养与科学精神共生式的培养既是发展方式也是必要条件，最终实现立德树人。

一、课程开发：蕴含时代需求

《国家中长期教育改革和发展规划纲要（2010—2020 年）》提出："创造条件开设丰富多彩的选修课，为学生提供更多选择，促进学生全面而有个性的发展。"《普通高中历史课程标准（2017 年版 2020 年修订）》强调："学校和教师应充分开发各种校外课程资源，逐步建立校内外课程资源的转化机制，实现课程资源的广泛交流与共享。"娄东是太仓的别称。所谓"娄东文化"，是指经过数千年历史积淀的太仓地域文化，它是一代又一代勤劳智慧的太仓人民共同创造的物质文明和精神文明的总和。太仓重要的历史文化古迹分布在横贯城中央的致和塘两侧，可以说，致和塘见证了娄东历史文化变迁的厚重轨迹，承载着太仓人文的脉络精粹。

二、课程内容：体现地域特色

娄东致和文化课程，是一个具有鲜明娄东地域文化特色的综合性、开放性的校本课程，包含历史文化、文学鉴赏、审美艺术、人文地理等多门课程，课程建设以提高学生综合素养为目标，以培养创新精神和实践能力为重点，加强自然与人文、学科与学科、课堂与社会的联系，让学生在文化熏陶和探究实践中培养能力、锻造品格，全面提升素养，从而为学生的终身发展奠基，进而推动学校文化内涵建设，形成学校育人模式的独特个性。

（一）娄东致和文化课程体系建设

学校结合现有课程基础，围绕娄东地域文化，进行课程的优化、重组，建构一系列体现地域特色的校本课程。

1. 娄东致和历史人文课程

在娄东的历史发展进程中，世世代代的太仓人民辛勤劳作、奋力拼搏，创造了大量的物质财富和精神财富，也孕育出光辉灿烂的娄东文化。太仓有丰富的历史遗存，有独特的民风民俗，有层出不穷的文化名人，更有深厚的历史底蕴。这些历史人文遗存，值得学校师生去感受、探索和传承。娄东致和历史人文课程旨在多角度地展现娄东历史演进的基本过程，以及在历史上创造的文明成果，揭示娄东历史发展的基本规律和大趋势。学生通过学习，进一步拓宽历史视野，发展历史思维，提高历史学科核心素养，能够从历史发展的角度理解并认同娄东优秀文化，激发学生的家国情怀。

2. 娄东致和文学鉴赏课程

宋元明清时期，娄东地区的文学创作非常繁荣，出现了徐祯卿、王世贞、张溥、吴伟业等著名的文学家。他们创作了大量诗歌、散文、小说等作品，在中国文坛上唱响了来自江海之畔富有独特魅力的"娄东之音"。娄东致和文学鉴赏课程，主要体现在地方文学著作与文化遗迹相结合，诵读、欣赏、探究、表演与文学素养的培育相结合，地方文化资源的研发与国家标准课程能力培养相结合，让学生真正成为语文学习的主动者和娄东致和文化的传承者，提升语文学科核心素养，为生命注入永不枯竭的文学素养源泉。

3. 娄东致和审美艺术课程

宋元明清时期，娄东诞生了一大批画家、书法家、篆刻家、音乐家、舞蹈家，其中不少是全国性的领袖人物，形成了天下闻名的"娄东画派""娄东印派""虞山琴派""江南丝竹"等艺术流派。汤显祖的《牡丹亭》在这里首演亮相，李时珍的《本草纲目》由此地蜚声海外，戏曲大师魏良辅在这里始创昆曲，音乐家张野塘于此地演化江南丝竹。这些成为娄东致和审美艺术课程的重要资源，对学生的生活、情感、文化素养和科学认识等产生直接与间接的影响。娄东致和审美艺术课程可以综合发展学生多方面的艺术能力，还能培养学生整合创新、开拓贯通和跨域转换等多种能力，促使学生全面发展。

4. 娄东致和人文地理课程

太仓处于中国东部海岸线与万里长江交汇之处，全境有多条较大的河流纵横贯穿，形成"七里纵一浦，十里横一塘，纵连海势，横贯支脉"的水系网络，促进了农业生产，便利了水运交通，也为太仓从古至今的城镇、集市、乡村的形成和分布奠定了基础。因有港口的便利条件，娄东文化具有"近水楼台先得月"的优势，吴文化以外的区域文化和异国文化元素比例很高；同时娄东文化因为陆地形成较晚，开发较迟，是一支后发型文化，但元明清时期发展迅速，赶超周边；娄东文化也是一种水文化，体现出较为强烈的海洋特性，展现出开阔博大、刚健顽强的文化精神。娄东致和人文地理课程的设置，旨在使学生学会运用人文地理的视角认识和欣赏娄东地区的自然环境与人文环境，提高学生的生活品位和精神境界，为培养有见识、有胸怀、有责任感、有行动力的新时代公民奠定基础。

娄东致和文化课程表

课程分类	课程内容
娄东致和历史人文课程	古迹、考古、园林、名人、民俗
娄东致和文学鉴赏课程	诗歌、散文、小说、戏曲
娄东致和审美艺术课程	娄东画派、娄东书法篆刻、江南丝竹、昆曲
娄东致和人文地理课程	六国码头、人文地理、当代交通、德企之乡

（二）打造学生自主学习互动平台

一是课堂教学平台。倡导情境设置、体验交流、学生自主、教师导学的教学方式，通过交流、合作、辩论、倾听、感受五个步骤，促使学生在情境中交流，在交流中碰撞，在碰撞中体验，在体验中收获，让学生在情境中丰富知识、开启智慧、点燃激情、唤醒生命。教学中还利用课程基地与馆所、未来教室，借助多种多媒体技术，形象、直观地展现有关情境，深化学生的感性认识。

二是学生展示平台。利用天镜大讲堂，定期开展娄东致和文史知识讲座、娄东诗文朗诵、昆曲和江南丝竹表演、学生书画

篆刻作品展等活动，让学生在交流中相互学习、相互品鉴；利用娄东文化主题长廊，按一定主题分期展示学生关于娄东致和文化探究的成果。

三是网络交流平台。建设娄东致和文化主题网站，在网站上按娄东致和历史文化、娄东致和文学鉴赏、娄东致和艺术审美、娄东致和人文地理四大文化主题，分别设置图文资料库、探究新动向、探究新成果等栏目，并开辟专门的网上交流平台和自主测试平台。

四是社会实践平台。充分利用学校周边的社会资源优势，如太仓市博物馆、太仓市美术馆、太仓市名人馆、太仓市规划展示馆、南园、弇山园、郑和公园等馆所，创建具有鲜明地域特色的娄东致和文化课程的教学环境，为学生提供丰富的学习素材和多样化的学习条件，激发学生学习的积极性和主动性，为学生的合作探究提供更广阔的空间。

娄东致和文化课程的开发与实施，为学校打造"人文奠基，科技见长"的特色课程，培育"传统与现代相融、人格与品格共育、科技与人文并重"的学校特色文化内涵，发展具有学校特色的育人新模式，探索建设学校特色文化的新途径，提供了巨大助力。

[本文系江苏省教育科学"十四五"规划青年重点课题"指向时代性价值的高中历史主题式教学的实践性研究"（编号：C-b/2021/02/78）的阶段性研究成果。]

【作者简介】邱剑锋，男，江苏省太仓市实验高级中学教师，高级教师；张芳，女，江苏省沙溪高级中学教师，高级教师。

提高劳动教育有效性的"三·四·五"策略

——以无锡市凤翔实验学校"凤娃乐植"项目为例

◎ 阙宏伟　陈小茂 / 江苏省无锡市凤翔实验学校

摘　要　本文深入分析了劳动教育的全人价值及当前存在的问题，以无锡市凤翔实验学校"凤娃乐植"项目为例，提出从学校、家庭、社会"三位"协同，劳动教育知、情、意、行"四素"贯通以及德智体美劳"五育"融合的角度，提升劳动教育的有效性。

关键词　劳动教育　"三位"协同　"四素"贯通　"五育"融合

2020 年，中共中央、国务院发布的《关于全面加强新时代大中小学劳动教育的意见》指出："劳动教育是中国特色社会主义教育制度的重要内容，直接决定社会主义建设者和接班人的劳动精神面貌、劳动价值取向和劳动技能水平"[1]，并对劳动教育做了全面具体的部署。2021 年修正的《中华人民共和国教育法》将党和国家的教育方针明确为："教育必须为社会主义现代化建设服务、为人民服务，必须与生产劳动和社会实践相结合，培养德智体美劳全面发展的社会主义建设者和接班人。"[2] 为探索劳动育人在提升学生综合素养、促进学生全面发展中的重要作用与价值，无锡市凤翔实验学校进行了积极的探索。

一、劳动教育的全人价值及存在的问题

（一）劳动教育的全人价值

劳动教育的重要性集中体现在它对人的发展的重要价值。劳动教育对促进人的整体成长与全面发展具有极其重要的价值，我们称其为"全人"价值。所谓"全人"，可以从两个维度来理解：其一，作名词理解，是指完整的人，全面发展的人，各方面素质都兼备的人，以我国的教育目标去考量，就是德智体美劳都发展良好的人；其二，作动词理解，是指培育完整的人，成就全面发展的人，通过教育使人全面发展，形成德智体美劳各方面的良好素质。对劳动教育的"全人"价值，习近平总书记有高屋建瓴的洞见。他在全国教育大会上突

出强调了劳动对人的成长成才、全面发展具有独特育人价值，并在深刻把握劳动的丰富意蕴基础上，将其"全人"价值凝练为树德、增智、强体、育美四个方面。[3]新时代要想实现"全人"的育人目标，劳动教育不失为一种重要的教育载体和有效的实践方式。

（二）劳动教育存在的问题

尽管国家层面将劳动教育提升到了一个相当重要的位置，但是不少学校劳动教育的实施不尽如人意，在生活中常见学生不珍惜劳动成果、不想劳动、不会劳动的现象。因此，深入了解并分析劳动教育存在的问题，挖掘劳动育人的时代意义，探究劳动育人的有效途径尤为重要。纵观当下劳动教育的现状，存在以下几个问题：一是目标不明，劳动教育任务化。开设劳动课到底为了什么？每节课要进行什么教育？整个劳动课程要达成什么目标？由于没有确立劳动育人的目标意识，导致这些方向性的问题不受关注，把劳动教育的目标降低为完成课标及教材中列出的劳技训练任务。二是内容不清，劳动教育知识化。由于严重降格和简化了劳动教育的目标诉求，教学过程仅仅是为了完成教材中的劳技训练任务，教师在劳动课教学中，自然而然地将目光仅聚焦于教材中的具体劳动技能要点，将精力仅放在这些劳动技能的讲述、指导上，设计课堂教学、组织课堂活动也只是依序逐一展示这些技能隐含的知识点和知识线索，甚至出现技能讲解与指导都丢弃，只让学生去读背记诵教材中的文本的现象。三是方式不对，劳动教育

碎片化。每种劳动能力都是劳动态度、情感和技能的有机整合，这决定了劳动教育必须整体设计、整体实施。但是，长期以来，我们对劳动教育都是处在匆忙应付状态，常常"想一出是一出"，类似今天所学与昨天所学互不相干、明天所学与今天所学毫无关系，或者劳动技能训练与劳动情感激发分头进行、劳动能力培养与劳动价值认识各自为政，因而呈现严重碎片化现象，极不利于整体劳动素养的提升。传统的劳动教育严重缺失了育人功能，不仅影响学生作为劳动者应具备的基本劳动能力的发展，而且让学生滋生表面化、形式化甚至虚假化的劳动观念，影响其完整人格的发展。

二、加强劳动教育有效性的策略

劳动育人的实践探索必须扭转任务化、知识化和碎片化倾向，确保其社会意义与"全人"价值的有效实现。劳动教育必须在凝聚课程力量、融合课程目标、优化课程实施等方面着力，展开劳动育人实践的积极探索，使劳动教育形成一种系统化、立体化的操作形态，从而为培育德智体美劳全面发展的时代新人做出应有贡献。为此，笔者以"凤娃乐植"项目开展了一系列实践探索。

（一）"三位"协同，凝聚劳动教育的强大合力

学校担负着向学生系统传授文化知识、系统训练知识运用的使命，而学生的成长始终无法绕开家庭，也无法逃离社会。劳动教育自然不能脱离家庭和社会孤军奋战，相反，应该充分发挥家庭和社区的作用，

将家长与社区组织的力量调动起来，将家庭和社区场域的资源吸纳过来，让它们为学校的劳动教育服务，从而凝聚起劳动教育的强大合力。

有鉴于此，学校应发挥自身的课程学术优势和主心骨作用，组建学校、家庭、社会三方参与的劳动教育协作委员会，通过学期规划会议和月度反馈会议，按照课程标准协商形成学校劳动教育纲领，推进实施劳动纲领中的各项劳动教育内容。在推进实施过程中，让家庭和社会（有关厂企、农庄农场）成为学生劳动实践的重要基地，家庭和社会中相关人员成为劳动课程的积极开发者，成为学生劳动实践的重要指导者。

主要举措可以有：（1）融通劳动教育场所，拓展劳动空间。可以通过整合资源，实现校内空间、家庭空间、社会空间等多方劳动场所的融通，打破真实性学习的时空边界，让学生的劳动实践至少能随时在三个场域流转。（2）分流劳动教育类型，确保实践落地。根据三个场域各不相同的劳动教育资源优势，将劳动课程中的不同劳动类型分散布点到学校、家庭、社会中去，使每项劳动教育内容都落到实处，改变以往因学校资源缺乏导致很多劳动内容不能落实的状况。（3）分担劳动教育任务，提升指导质量。根据不同场域从业成员的专业优势，让教师、家长、社会职业成员各有侧重地承担自身场域内所擅长的劳动指导任务，有效提升劳动指导质量。

在"凤娃乐植"项目中，常会出现具有一技之长的家长、社工、农艺师，他们各自发挥着自身的特长，与学生一起加固栅栏、施肥松土；还有部分志愿者与学生一起收割蔬菜后送到社区老年食堂，从行动上支持社区老年食堂的工作。通过这些举措，既让学生日常生活劳动、生产劳动、服务性劳动等多种劳动能力得到发展，又让学生从不同劳动实践中真实地感受到劳动的极大乐趣，从不同劳动教育者身上真切体验到劳动品格。

（二）"四素"贯通，探寻劳动教育的科学方式

在马克思主义理论中，劳动是有着丰富内涵和深刻意蕴的概念，事关人的全面发展和世界的改变。有研究表明，人的道德实践活动是在道德认识、道德情感、道德意志等多种心理要素合力作用下催生道德行为的过程，因此传统的道德教育过程理论往往把道德教育过程归纳为知、情、意、行四个环节。笔者认为，知、情、意、行有机统一原理完全适用于其他实践活动，包括劳动实践。基于这种认识，我们便不难理解，学生自觉而乐意的劳动行为，必定也是由知、情、意三种心理要素合力催生的，因而在劳动教育中应该将劳动知识、劳动情感、劳动意志跟劳动行为巧妙地熔于一炉，设计和组织每个专题（每一轮次）劳动。

知：注意明确地归结且清晰地呈现劳动教育活动的价值意蕴、技能要点，以便学生有条理、有规律地认识它们、练习它们、掌握它们，同时确立正确的劳动价值观。情：注意建立和谐融洽的师生关系，运用生动形象、富有童趣的教育方式和方

法，使师生在教学过程中产生高效互动，同时激发学生的学习热情，培养学生热爱劳动的积极情感。意：注意在基本劳动素养达标基础上，精心考虑逐步地、适度地、有侧重地加大劳动的时间长度、劳动的智力高度、劳动的技能难度、劳动的体力强度等，锤炼和增强学生在劳动过程中的持久性、耐挫力和坚韧度，形成良好的意志品质。行：注意创设足够条件，提供足够机会，让学生有足够时间去进行直接的劳动技能操作，在切身体验中熟习劳动技能，通过实践提升劳动能力。

在"凤娃乐植"项目中，学校根据学情，贯通设置活动内容。

一年级：我和小树共成长。在教师的帮助下，一年级的"小凤娃"们合作栽下金橘、樱桃、苹果等果树。在栽种的过程中，"小凤娃"们扶苗、培土、浇水，忙得不亦乐乎。他们还在小树苗上挂上心愿卡，希望小树苗能快快长大，给校园增添一抹绿色。

二年级：农耕劳作我体验。二年级的"小凤娃"们在凤娃乐植园里参与农耕劳作，一起撸起袖子种土豆。大家齐心协力，分工合作，开沟、施肥、按土豆块、盖土、浇水，忙得热火朝天。

三年级：我为校园添新绿。三年级的"小凤娃"们从家中带来五彩缤纷、品种各异的绿植和盆景装点凤娃乐植园，举办"爱绿护绿，拥抱春色"绿植盆景展，为凤娃乐植园增添了勃勃生机。

四年级：绘制护绿宣传语。四年级的"小凤娃"们在校园中认识树木，和树木合

影，制作和悬挂"爱绿护绿"的宣传标语，号召大家共同爱护树木，保护绿植，将"爱绿护绿"的优秀品格根植于心。

五年级：植物名片我设计。五年级的"小凤娃"们用五彩画笔为凤娃乐植园内的各种绿植精心制作植物名片，向前来参观的同学介绍植物的名字和养护知识，"爱绿护绿"的种子在他们心中生根发芽。

六年级：争当护绿小使者。六年级的"小凤娃"们身着志愿者服装，化身环保小卫士、护绿小使者，在凤娃乐植园内捡拾垃圾、枯叶，擦拭栏杆，以劳健心，开展特别行动。

（三）"五育"融合，构建劳动教育的完备样态

习近平总书记高瞻远瞩，提出"五育"融合的重要思想，对教育回归本真、培养德智体美劳全面发展的创新型人才具有深远意义。作为教育实践者，学校与教师自当勇担使命，勇于探索，围绕对人的发展具有根基性价值的劳动素养，为构建"五育"融合的劳动教育样态做出努力。总体来说，这样的劳动教育样态可以从两个方向展开实践：

一是以劳动课程为主体，融合其他各种教育。将品德培养、智力开发、身体锻炼、审美陶冶等有机结合起来，使之产生多种素质同步提高的效果，实现"五育"融合的良好愿景。比如，在"凤翔乐植"项目中，当学生收获蔬菜与水果之后，教师进一步以拼盘制作为核心内容进行劳动教育，单从劳动角度看，主要涉及选水果、切水果、拼出造型等动作技能，实践之后

发现仅以完成拼盘任务为目标，显然思路太狭窄，资源也太浪费。于是做出调整与完善，在拼盘制作之前启发学生进行拼盘的主题构想、图景勾勒、色彩组合等预设工作，在拼盘制作完成之后引导学生进行拼盘的美感鉴赏、意义解读、缺陷剖析等精神活动。在此基础上，再通过提示季节特点和传统节令，提醒学生组织重阳节敬老活动，带着各种各样的拼盘去福利院慰问老爷爷、老奶奶，让他们从少年儿童身上看到"一碟拼盘一份情"，尊老敬老暖人心。这样，劳动教育就巧妙地融入了德育、智育、体育和美育。

二是以其他课程为依托，渗透劳动素养教育。在道德与法治、语文、数学、科学、体育、音乐、美术等学科的教学中，注意发现、挖掘这些学科各自蕴含的劳动元素，或与劳动的某种关联，灵活而巧妙、有机而无痕地进行劳动教育，让学生在学习这些学科的知识技能、投入这些领域的实践体验的同时能够得到劳动意识的强化、劳动技能的巩固、劳动价值的体验、劳动品格的养成。这样的渗透主要可以从挖掘学科内容本身蕴含的劳动元素及关注学科教学过程派生的配合性与服务性劳动元素两个层面上考虑。

三、结语

在"三位"协同、"四素"贯通、"五育"融合的理念与整体规划下，"凤娃乐植"项目取得了比较明显的进展，学校的每一次活动都得到了社区的高度关注与支持，在学校周边产生了较好影响。据家长反映，学生的劳动意识、技能、审美均有不同程度提升。反思"凤娃乐植"项目，笔者认为，提升劳动教育有效性的根源还是在于学校和教师需要真正认识到劳动教育的重要性与对教育规律的理解把握。

【作者简介】阙宏伟，男，江苏省无锡市凤翔实验学校党总支书记，正高级教师；陈小茂，女，江苏省无锡市凤翔实验学校教师，无锡市德育工作带头人。

参考文献

［1］王彩芳.劳动教育实践育人平台的优势分析［J］.人民论坛，2021（32）：95—97.

［2］殷世东，桑安琪.指向劳动素养的学校劳动课程及其建构审思［J］.东北师大学报（哲学社会科学版），2024（5）：120—126.

［3］刘建军，王婷婷.论劳动育人功能的四个维度［J］.贵州师范大学学报（社会科学版），2022（3）：1—10.

助学课堂

——关于教学方法的探索与创新之十七

◎ 周成平 / 江苏第二师范学院

助学课堂的首倡者和成功实践者是南京市瑞金北村小学的仲广群校长及其团队。自 2010 年起，在仲广群校长的带领下，该校从小学数学学科开始探索助学课堂活动，课堂教学改革取得了显著成效，助学课堂教学法不胫而走。此后，全国各地前来参观学习的教师、校长络绎不绝，助学课堂在全国的影响越来越大。

所谓"助学课堂"，按照仲广群校长的介绍与解读，既是一种理念，也是一种方法。作为一种理念，助学课堂主张在新课程改革精神的引领下，对中小学课堂教学方法做出大胆探索与变革，对课堂教学活动中教师与学生的关系做出重大调整。《基础教育课程改革纲要（试行）》指出：改变课程过于注重知识传授的倾向，强调形成积极主动的学习态度；改变课程实施过于强调接受学习、死记硬背、机械训练的现状，倡导学生主动参与、乐于探究、勤于动手，培养学生搜集和处理信息的能力、获取新知识的能力、分析和解决问题的能力以及交流与合作的能力。根据新课程改革的这些精神要点，南京市瑞金北村小学的助学课堂，顾名思义，就是要打造那种教师帮助学生学习的课堂，彻底改变过于注重知识传授的倾向，让今天的课堂真正变成学生自主学习的场所。在这样的助学课堂上，师生关系必然要发生根本性的改变，学生要真正成为学习的主人。

作为一种方法，助学课堂的核心要点是学生自助、同学互助、教师他助。**首先是学生自助**。助学课堂倡导先学后教，教师先出示学习目标，然后在学习目标的引导下，辅之以"导学单""预习题"等，放手让学生开展探究式的自主学习，在"一探二学三生疑"的基础上完成自助学习的任务。**其次是同学互助**。这种互助又分组内互助和组际互助两种形式。在这一阶段，教师要合理设置适宜的任务驱动情景，让学生充分展示预习的成果，通过提问、补充、质疑、辩论、反驳等形式，使得个人的自主探究与小组合作、同伴交流等多种互助学习形式得以配合实施，共同完成互助学习过程。**最后是教师他助**。在助学课堂理念的引领下，教师改变了传统的授课方式，在正确诊断学情的基础上，以学定教，针对学生自助和同学互助阶段出现的某些情况，进行精讲与点拨，有效助力学生的学习，在发展学生的高级思维能力上下功夫，把培养学生的创新精神和实践能力落到实处。此外，在时间安排上，助学课堂以实践经验和成果显示，一般可以按照 1∶2∶1 的比例进行安排，即如果一节课按 40 分钟计算，助学课堂三个阶段的时间大体为 10 分钟、20 分钟和 10 分钟。

我们认为，助学课堂无论是作为一种理念还是作为一种方法，其自身的个性与特色都是十分鲜明的。这主要表现在：**一是价值本位的迁移**。传统的课堂教学追求以知识为本位的价值取向，课堂教学的中心是知识传授。而助学课堂的核心是要进行价值本位的迁移，即从过去的以知识传授为目标的价值取向，转变成以人的发展为追求的价值取向，在学习知识的过程中特别注重人的发展与培养，这与新课程改革的精神是十分吻合的。**二是课堂特性的改变**。传统的课堂教学以教师的讲授为中心，一味地灌输知识，而学生只能被动地适应教师的教学过程，全盘照单接受知识。助学课堂则主张改变课堂教学中教师主宰、控制的意识，改变学生顺从、依附的地位，把课堂转变为学堂，把讲台转变为学生的

舞台，给教学以生长的力量，让发展学生成为触手可及的教育情景。这充分说明助学课堂的特性已发生重大改变。**三是师生角色的转换**。传统的课堂教学往往是教师讲授、学生接受，师生角色比较固定，多少年来几乎没有什么变化，常态就是教师讲、学生听，教师主动、学生被动。而助学课堂中教师与学生的角色实现了大幅度的转换，学生成为课堂上自主学习、主动学习的人；教师成为新课程中学生学习的帮助者和指导者，不再包打天下。由此，助学课堂打造了新时代新型的师生角色形象，建立了新型的课堂师生关系。

综上所述，我们认为，助学课堂，重在助学，名副其实，个性鲜明。它助动力，让学生乐学、好学；助方法，使学生会学、活学；助行为，促学生善学、勤学，堪称新时代基础教育课堂教学改革中应运而生的一种好方法，值得充分肯定和大力推广。

【作者简介】周成平，男，江苏第二师范学院教授。

学习地图的内涵特征与应用策略

◎ 盛菊芬 / 江苏省苏州市吴江区思贤实验小学

摘　要　综合实践活动是培养学生综合素养的跨学科实践性课程，培养学生综合素养需要教师提供有效的学习工具。学习地图是一种高效的学生思维工具，它按照学习目标、学习内容、学习方法、学习评价等要素设计与规划主题活动，形成一种具有整体规划性的学习路径。学习地图在综合实践活动课程中的应用有助于课程的有效实施，实现育人目标。

关键词　学习地图　综合实践　设计研究

《中小学综合实践活动课程指导纲要》（以下简称《纲要》）指出：综合实践活动是培养学生综合素养的跨学科实践性课程。培养学生的综合素养是一项复杂的工作，需要教师提供有效的教学资源和学习工具。学习地图便是一种高效的学生学习与思维工具。学习地图即地图化学习，是以地图站点的形式来设计与实施的，它以学习目标为导向，体现出"逆向教学设计"的思想。

一、学习地图对提高学生综合素养的价值

综合实践活动课程具有灵活生成性的特点，学生可根据实际需要对活动的目标与内容、组织与方法、过程与步骤等做出动态调整，以使活动不断深化。同时，综合实践活动课程提倡多采用质性评价方式，将学生的各种表现和成果作为分析考查课程实施状况与学生发展状况的重要依据，突出评价对学生发展的价值。综合实践活动课程的这些特点与学习地图高度吻合。

学习地图关注学习的整体性、动态性和生长性，注重学生主动实践和课堂开放生成。学生通过参考学习地图明确学习目标，确立个性化的学习方法，对照学习地图监管自身的学习活动，调整学习过程。同时，学习地图强调过程性评价，突出评价对学习过程的激励和指导作用。将学习地图运用于综合实践活动课程，有利于学生快速、准确地定位学习目标与学习内容，提高活动探究的兴趣，从而实现学生的主动学习与自我反思，最终实现育人目标。

二、学习地图的内涵与特征

（一）学习地图的内涵

学习地图的概念源于企业培训领域的

学习路径图，本指企业为了提高员工岗位胜任率而设计的一系列学习行为与活动，其最突出的特点是可视化，具体表现为：目标和路径清晰、学习内容明确、学习方式多元、培训与评价一致。其中的目标、路径、内容、方式、评价等要素，与学生学习活动的要素基本一致。因此，课程教学领域的学习地图是指为有效提高学生的学习效果，师生按照学习目标、学习内容、学习方式、学习评价等要素设计与规划学习活动，形成具有整体规划性的学习路径、学习流程。

（二）学习地图的特征

一是整体规划性。学习地图是思维导图的升华，它将学生在综合实践活动中可能用到的各种课程资源，包括学科教材、实地资源、网络资源等分类组织，按照学习内容、目标任务规划学习活动，构成具有整体规划性的学习路径，以便学生能够快速准确地认知学习目标和内容。学生根据自身情况，对照学习地图，系统地、有计划地安排学习，立体、多维地反映自身学习情况，如学习进度、目标达成、知识结构等，并根据整体规划灵活调整学习。

二是生动直观性。地图的作用在于能让我们在起点与终点之间选择一条最适合自己的路径。学习地图同样如此，通过生动直观的图文、图像、图表等表现形式，学生能对学习过程有整体把握，根据自身需求选择适合自己的学习路径，同时对学习的目标、任务、活动、方法、评价等进行整体预估和判断。此外，学生还可对照可视化的地图内容进行及时评价，调整学习进度、方法等，以达到良好的学习效果。

三是个体自主性。在学习地图中，学生选择的学习内容、采用的学习方法、使用的资源媒介、所需的时间等，都可以根据自己的知识水平和学习能力来决定。在教师的指导下，学生自主设计和拟定合适、合理的学习路径，让学习变得有趣味、有选择、有依据。学生能根据自身特点实现个性化学习，发展自己独特的学习潜能。

三、学习地图在综合实践活动课程中的应用策略

学习地图是学生的学习路径、学习流程。在综合实践活动课程中，学生的学习地图是以地图站点的形式来实现的。学习地图构建起以学生基础知识和能力为起点，以个性化研究活动为路径，以《纲要》为重点的学习活动任务，实现综合实践主题活动的结构化、系统化。

（一）第一站：基于核心素养，设计主题活动的"目的地"

制定学习地图，首先要设计"目的地"，即课程的学习目标。学习目标是学习地图的核心，目标定位的准确与否直接关系到课程实施的效果。《江苏省义务教育综合实践活动课程纲要》明确了不同年段的三维目标，以此为依据，我们在"寻'艾'之旅"主题活动中设计了如下学习目标：

认识艾草，了解艾草与生活的联系，通过研究加强对中草药文化、传统节日的认识与感知。

了解艾草的生长过程和传播方式，在种植、采摘、保存艾草的过程中提升劳动

实践能力、科学探究能力。

通过挖掘艾草的各种用途、功效，学会利用艾草的功能服务他人，感悟中草药文化的魅力，进而转化为自觉传承的行为。

学会利用艾叶制作各种产品，具有初步艺术表现和创造能力。

能够提出有关艾草的问题，积极与同伴一起探究问题，能采用数字、图画、图表等方法进行简单的记录，在探究中获得经验。

此外，学生在教师指导下根据自己的研究兴趣、活动时间、客观条件等制订活动计划，标注预计完成的时间。每完成一项，将相应的内容涂上颜色或做好标记，并记录满意度。有了清晰的课程目标和活动计划，学习活动就有了明确的"目的地"，激发了学生的探索兴趣，提高了学习效率。

（二）第二站：搜集学生问题，确立学习表现的"评估证据"

在综合实践活动课堂中，我们鼓励学生自主发现问题、提出问题、解决问题，引导学生探索想研究、能研究、值得研究的内容。课堂教学逻辑是，教师应该从学生发现问题的角度出发，而不是从教师认为学生应该学习的或教师自身擅长的内容出发。设计预期学习结果后，教师要及时确立评估证据，有效评估学生的学习表现。确立合适的评估证据，并不是简单地建立在研究内容和相关学习活动上，而是要立足活动目标。评估证据的形式有很多种，如口头问答、作业呈现、成果汇报、评价表等，只要是有利于活动目标实现的就是合适的评估证据。

例如在"寻'艾'之旅"主题活动中的"艾草的种类"子课题中，根据活动目标"学会用不同的方法搜集信息、处理信息"，教师设计的评估证据是"通过观察生活、查找网络等多种信息搜集方法，了解常见的艾草种类"。对此，教师开发出合适的评价表，引导学生一起填写《艾草的常见种类表格》，以此评价学生对艾草种类的了解程度。

显然，这份评价表能反馈学生对艾草的信息搜集与整理能力的水平，了解学生对艾草的常见品种是否有了比较正确和全面的认识，从中全面、生动地了解学生对知识、技能的掌握程度以及小组合作能力。教师能从评估中获得反馈，从而设计更加适合学生的活动计划和任务。同时，多样化的评估方式能让学生对探究活动充满新奇与热情，从而激发学习的积极性。

（三）第三站：基于生活情境，创设丰富多彩的"探究任务"

《纲要》指出，综合实践活动要从学生的真实生活和发展需要出发，从生活情境中发现问题，转化为活动主题。崔允漷教授在谈及核心素养时，多次提到"中小学生对知识意义的感受和理解往往是通过在真实情境中的应用来实现的"，我们把真实情境与任务背后的真实世界直接当作课程的组成部分。真实是教学与评价时所使用的情境、任务必须具有的属性。

例如，"寻'艾'之旅"主题活动的活动背景、任务情境都是在真实中发生的。校园中有个"云翔百草园"。一次偶然的机会，学生在清除杂草的时候发现一株很特别的草，它的形状像手掌，闻起来有浓烈香气。他们顿时被这株草吸引住了。这棵草叫什么？它是杂草还是中草药？到底该不该把它拔掉？它怎么会孤零零地长在这里？……一系列有趣的问题从学生口中迸发出来。我凑近一看，原来是一株艾草。顿时，一个念头在我脑海中产生：艾草是一种典型的中草药，它生命力顽强，药用价值很高，端午节家家户户都有挂艾草的习俗。这不正是我们最好的研究内容吗？基于这样的真实情境，"寻'艾'之旅"这个主题研究活动便如火如荼地开始了。

（四）第四站：建立评价机制，引导学生实现"正向反思"

在综合实践活动课程中，我们要将评价贯穿始终，学生应当在学习地图上对自己的学习过程和学习表现进行及时评价，包括学习过程中的参与度、学习效果、学习态度等。教师也要对学生的活动表现做出及时、公正的评价。在评价时，教师不仅要关注学生的学习能力，还要关注学生的学习态度、学习方法、作业呈现、创作表达、小组合作等。全方位、多维度的评价能反映出学生在学习过程中各方面的情况，也能做出整体性和综合性的反馈，有利于学生自我监控和反思调整，从而做到"教—学—评"一体化。

例如，在"种植艾草"子课题活动中，为了有效评估学生种植艾草的表现与技能，教师和学生一起商议，制定出"种植艾草"

主题活动评价表，主要从组织规划、团队合作、沟通表达、动手操作等维度评价学生的学习与活动表现。依托主题活动评价表，学生还可以进行自我评价、组员评价，从而实现自我反思，提升思维深度，完善活动质量。

类似这样的评价表贯穿学生主题活动的始终。高年级的学生可以用文字进行评价表述，中低年级的学生则可以用更简单直观的方式进行评价。学生可以从多元评价中获得自身学习情况的反馈，感受积极学习的正向体验，看到自己需要努力的方向，以积极的心态进行反思和优化，从活动中获得成就感和愉悦感。

一张结构完整、情境真实、路径多样、评价多元的学习地图，是学生学习的有力支架，它助力学生做好综合实践活动课程的主题研究活动，从中获取经验、增长知识、习得技能，同时也是教师指导的依据。学生如果在活动前先阅读这样一份清晰可视化的学习地图，就能对自己的学习目标、学习行为、活动任务有一个预期计划和提前预判，更好地规划自己的学习行为，优化活动方式，提高学习质量，从而提升综合素养。

【作者简介】盛菊芬，女，江苏省苏州市吴江区思贤实验小学教师，一级教师，吴江区综合实践学科带头人，曾获得综合实践学科苏州市优质课一等奖、基本功一等奖。

指向深度学习的幼儿园绘本教学策略研究

◎ 罗峥嵘 / 江苏省东台市第一幼儿园

摘　要　幼儿深度学习是一种主动的、以理解为基础的学习，需要教师的合理引导。绘本教学作为幼儿园教学活动中的重要组成部分，应充分发挥绘本的教育价值，激发幼儿自主阅读的兴趣和能力，培养幼儿的思维习惯。开展指向深度学习的绘本教学研究活动，要了解当前绘本教学实施中存在的问题，积极探寻组织实施的策略与途径，遵循以幼儿为中心的原则，让幼儿在感知中建构新联系、在迁移经验中逐步尝试应用实践的进阶式提升，从而实现深度学习。

关键词　幼儿园　绘本教学　深度学习

深度学习是学习者基于自身已有的理解力而自发进行的一种学习，倡导教与学关系的转变，强调学习的主动性。绘本作为幼儿园日常活动的重要媒介，常以图文并茂的方式为幼儿提供丰富的直接经验，促进幼儿语言、认知和社会交往能力的发展。幼儿的深度学习需要借助教师的科学引导，设计合理的绘本教学可以充分调动幼儿的学习热情，引导幼儿根据已有经验对绘本的图片及文字予以合理加工，在发展思维能力的同时，形成深度学习的良好品质。

一、绘本教学的现状及存在的主要问题

大部分绘本是以图文并茂的形式或通篇借助图片来展示故事情节的，具有直观

性和趣味性，这种表达方式也更符合幼儿的认知特点。绘本传递的内容非常多，不仅仅是简单地帮助幼儿认识事物或单纯地了解一个故事，更是引导幼儿在认识客观事物的基础上发展他们的经验和思维、丰富他们的情感体验。教师对绘本蕴含的教育内容的挖掘和灵活运用主要取决于其对绘本的解读水平，特别是对于抽象的或纯画面的绘本，如何化抽象为具体，帮助幼儿更好地理解绘本、激发阅读兴趣，从而支持幼儿的深度学习，就成了影响幼儿园绘本教学质量的重要因素。

纵观幼儿园绘本教学的现状，绘本在教学活动中的应用还不够成熟，大部分教师在开展绘本教学活动时存在以下几个问题：

一是教师对绘本的解读缺乏深度。幼

儿园的工作较为烦琐，大部分教师在绘本教学前往往只是对绘本进行浅读，并未深挖绘本的教育价值，也没有结合本班幼儿的实际认知水平开展教学，导致活动中对绘本的解读过于浅显。在教学活动中，教师如果忽视了绘本内容与幼儿之间的内在逻辑关系，没有把握幼儿的现实需要，就无法借助绘本教学促使幼儿获得丰富的经验，更无法实现幼儿的深度探究与学习。

二是教师对活动目标的设置不够合理。这种不合理主要体现在：目标缺失、目标过大不易实现、过分强调教育目标的实现而忽视了幼儿的主动参与和自主阅读。教师应当明确绘本教学不单单是一节语言活动，更是综合性的教育活动。因此，在设置目标时，不仅要发展幼儿的语言表达能力，更应该把握绘本深刻的内涵来引导幼儿的思维和情感的发展，帮助幼儿通过对事物的整体认识来建构新的经验，凸显幼儿的主体地位。教师应针对性地根据绘本的具体内容和特点以及幼儿的身心发展需要和认知水平设置教学目标，从而进行教学。

三是教师在活动中提问过多，削弱了幼儿思维的连贯性。当前幼儿园教师绘本教学的方式较为单一，大多以教师讲述和提问贯穿全过程。许多教师惯于采用边讲边问的方式来吸引幼儿的注意力，然而，当每个环节的提问次数较多且间隔时间较短时，幼儿的思考时间就会受到限制，思维的连贯性和整体性就会削弱。提问是教师进行绘本教学时重要的教学手段之一，但是过度运用、以问代讲，会影响幼儿思维能力的发展。在阅读绘本时，可以根据具体内容和特点改变阅读方式，应注重幼儿所有感官的充分调动。

四是教师过分追求预设答案而回避幼儿阅读中的真实反应。在当前的绘本教学过程中，教师虽然也在积极倾听幼儿的想法和感受，但他们的回应往往偏向于心里的预设答案。当幼儿的回答"不准确"时，教师通常会请下一个幼儿继续回答，直到回答出教师所期望的答案。这一现象表明教师缺少对幼儿当下反应的关注，不能根据幼儿的反馈及时调整教学内容，而是试图让幼儿按照自己预设好的方向发展，当幼儿的回答偏离教学目标时，要么匆忙带过，要么忽视回避。以教师的教学设计代替幼儿当下的阅读思路，简化了幼儿的探寻过程，幼儿自主阅读变成了被动接受的过程。这样既不符合幼儿的学习方式和规律，又不能帮助幼儿达到深度学习的目的，直接影响绘本教学的效果。

二、绘本教学中促进幼儿深度学习的支持策略

幼儿深度学习的推进离不开绘本教学的精心设计和有序组织。因此，教师须准确解读绘本，从幼儿的视角思考，以符合幼儿年龄特点和阶段性认知水平的方式来组织绘本教学，帮助幼儿建立已有经验和绘本内容之间的紧密联系。在绘本教学中，教师应当明确幼儿的主体地位，时刻以幼儿为中心，采用恰当的方式引导幼儿多感官参与绘本阅读，同时明确绘本教学的核心目标是激发幼儿的阅读兴趣，培养他们良好的学习品质。具体策略如下：

一是从幼儿的特点出发，选择合适的绘本。教师在选择绘本时，应重视绘本的价值导向作用，提升绘本选择的合理性，同时还要聚焦本班幼儿的现有水平以及"最近发

展区"，综合考量选择具有鲜明主题和典型教育意义、符合幼儿发展需求的绘本。

二是认真钻研绘本，精心设计活动。在组织绘本教学之前，教师必须对绘本进行深度解读，挖掘出其中所隐含的有教育价值的内容，并梳理出其与当下幼儿发展水平的内在联系。深度理解绘本是开展绘本教学的基本前提，只有真正地研读绘本，教师才能理解绘本所蕴含的教育契机和价值取向[1]，才能找到绘本内容与幼儿发展之间的连接点。同时，教师应当运用专业知识指导课程实践，对绘本内容进行系统梳理，以幼儿阅读的视角来思考可以从中学什么，哪些是幼儿可能感兴趣的点；以教师教学的视角思考如何实现教育价值，从而促进幼儿的深度学习。

三是设计开放性的提问，重视师幼互动的质量。教师应明确，绘本阅读中的提问并非为了寻求一个预设的答案，而是帮助幼儿理解思考的。在绘本教学活动中，教师要倾听幼儿当下的阅读感受，幼儿的直接反应能引起教师对被忽略的细节的关注。比如在中班绘本教学《章鱼先生卖雨伞》的最后，教师提问："天晴了，章鱼先生拿着很多帽子来了，猜猜看，他要干什么呢？"这种发散性问题没有固定答案，只是为了引导幼儿大胆地表达自己的看法。幼儿创造性思维的萌芽，源于对阅读的浓厚兴趣所引发的持续思考，而教师的职责则在于削弱答案的正确性，把握"预设答案"和"个性化答案"之

间的平衡，给予幼儿自主表达的机会，真正地听取他们的想法。

四是注重活动延伸，开展多元化阅读。当前绘本教学的一对多模式使得教师在活动时无法全面掌握每个幼儿的阅读感受，因此有必要在活动结束之后进行拓展延伸，引导幼儿再读绘本、精读绘本，促进幼儿对绘本核心内容的深刻理解以及逻辑思维的再建构。为使绘本教学真正实现幼儿深度学习的目标，教师应利用各种手段引导幼儿重复阅读，以促进幼儿在持续感受理解的过程中充分发展观察、表达以及问题分析等能力，从而使幼儿建立新经验，并能尝试运用实践。如与班级区域联结，在图书区投放所学绘本，让幼儿在自主游戏中再次感受绘本的内涵；与家庭联结，将所学绘本的电子版共享给家长，让幼儿通过亲子阅读再次熟悉绘本内容。

三、结语

绘本以其独特的图文关系、丰富的色彩以及精妙的构图，深受幼儿喜爱。在绘本教学中应选择符合幼儿现实发展需要的绘本，深挖其蕴含的教育价值，培养幼儿的主动性和创造性，提升他们的逻辑思维能力，帮助他们梳理已有经验并建构新经验，达到深度学习的目的。

【作者简介】罗峥嵘，女，江苏省东台市第一幼儿园教师，二级教师。

参考文献

[1] 田兴江，李传英，涂玲.在绘本教学中促进幼儿深度学习的策略[J].学前教育研究，2021（2）：89—92.

基于化学学科理解的科学任务探究教学的问题透视与解决策略

◎ 王　东 / 江苏省无锡市水秀中学

摘　要　基于化学学科理解，本文采用案例研究的方法对科学任务探究教学中存在的问题进行剖析，如探究目标的确定不合理、自我反思和评价被忽视等，并提出相应的解决策略，即基于化学学科理解设置探究目标，重视并设计学生的自我评价和反思。

关键词　化学学科理解　科学任务探究　探究式教学　任务驱动

新一轮的课程改革倡导素养导向的化学教学。新课标指出："化学课程要培养的核心素养，主要包括化学观念、科学思维、科学探究与实践、科学态度与责任，是中国学生发展核心素养在化学课程中的具体化，反映了义务教育化学课程的教育价值与育人功能。"[1] 其中，科学任务探究与责任素养的培育需要学生经历科学探究活动，提出有价值的问题，从假设出发确定探究目标，设计和实施探究方案，获取证据并推理出结论，能与同学交流，进行自我反思和评价。基于此，在现今的化学课堂中探究式教学已成为常态，但也存在一些问题。笔者基于化学学科理解，对这些问题进行剖析并提出相应的解决策略。

一、问题透视

（一）任务探究目标的确定不合理

【案例一】《金刚石、石墨和 C_{60}》（人教版化学初三上学期）教学片段

上节课教师主讲的内容是"碳的化学性质"，本课的核心知识点是碳的可燃性和还原性。为了体现新课程理念，倡导探究式学习方式，教师要求学生分组探究"木炭在空气中燃烧""碳还原氧化铜"的实验装置，在设计出实验装置的基础上再动手实验。在学生活动期间，教师适时指导了学生。

在上述案例中，教师在任务探究目标的确定上出现了以下问题：

一是学科价值不大。"单质碳的化学性

质"在教师教学用书中的目标要求层次很低，仅要达到"知道"的水平，在课程标准中也未有明确要求。一个在初中化学课程的知识体系中并不重要的知识点，却费时费力安排学生探究实验装置，该探究目标的学科价值不大。

二是不符合学生的认知规律。根据"最近发展区"理论，学生的学习目标应设定在学生已有水平和可能的发展水平之间，也就是让任务既不唾手可得，也不遥不可及，学生只要"跳一跳"即可摘到"桃"。[2]教师要求学生探究的这两个有关"单质碳的化学性质"的实验装置，由于学生学习化学时间不长，根本不具备设计这类实验装置所需要的知识和技能基础，显然探究目标已超越学生的"最近发展区"。这种不符合学生的认知规律的探究活动，实在让学生勉为其难。

（二）自我反思和评价被忽视

【案例二】《燃烧和灭火》（人教版化学初三上学期）教学片段

教师先用魔术"神秘的燃烧"创设情境，提出问题"燃烧需要哪些条件"，学生做出初步猜想，教师演示教材上的实验，根据"铜片上的白磷燃烧、红磷不燃烧"得出"燃烧需要温度达到着火点"；根据"铜片上的白磷燃烧、水中白磷不燃烧"得出"燃烧需要氧气"。之后教师又列举了一些生活事实，说明燃烧还需要可燃物。教师归纳燃烧的三个条件，紧接着过渡到灭火原理的教学。

新课标要求"加强过程性评价，关注学生在化学学习活动中的表现……实现'教—学—评'一体化；深化综合评价，探索增值评价，注重提高学生自我评价、自我反思的能力"。本案例探究活动中缺少"反思和评价"环节。可以从"绿色化学"的角度进行反思，实验中产生大量白烟会污染空气，这样就渗透了环保意识的教育。进一步可引导学生改进实验装置，再对改进后的装置进行评价，这是对学生创新能力的培养。

教师往往会在课堂教学中忽视反思和评价，主要有以下原因：

一是认识不到位。一些教师认为反思就是让学生将自己的探究过程说一遍，机械重复，学生也评价不出什么有价值的东西。另外，探究式教学耗时多，基于时间和教学进度的考虑，一些教师也不会安排学生进行自我评价和反思。显然他们没有认识到反思和评价对发展学生素养的重要性。

二是实施效果不佳。有些教师确实安排了反思和评价，但学生反应冷淡、寥寥数语、草草收场。有些教师在提出问题、猜想和假设、设计并进行实验、得出结论的过程中喜欢一讲到底、一做到底，学生始终跟着教师的思路亦步亦趋，缺少对探究过程的感受和体验，如何进行反思和评价？反思和评价需要发散性思维，教师应转变教学理念，增加课堂教学的开放度，突出学生的主体地位。

二、解决策略

（一）基于化学学科理解设置任务探究目标

【案例三】《常见的酸和碱》（人教版化学初三下学期）教学片段

教师在"碱的化学性质"学习中，安排学生探究"NaOH 能否与 CO_2 反应"。教师首先让学生回忆检验二氧化碳的试剂，并要求写出相应的化学方程式，因势利导提出："$Ca(OH)_2$ 能与 CO_2 反应，那么 NaOH 能否与 CO_2 反应呢？"就在大部分学生猜测"能反应"之际，教师演示"二氧化碳通入氢氧化钠溶液"实验，实验无明显反应现象是否意味着不反应呢？这一悬念进一步激发学生的探究欲望。学生利用实验桌上的药品和仪器，设计出了多种方法来证明"NaOH 确实能与 CO_2 反应"。方法主要有两种：一是气压原理，即在密闭装置中，若 CO_2 能与 NaOH 反应，则装置内气压会变小；二是验证反应产物，即通过证明生成物 Na_2CO_3，来说明 CO_2 能与 NaOH 反应。整节课探究氛围浓郁，学生思维活跃，不断迸发出灵感的火花，取得良好的教学效果。

新课标指出，化学学科理解是教师对化学学科知识及思维方式和方法的一种本原性、结构化的认识。所谓本原性，意味着不断追问，溯本求源，指向知识及思维的深度，有利于学生深度学习；所谓结构化，意味着不断联系，形成网络，指向知识及思维的广度，有利于学生迁移应用。

基于化学学科理解，教师在设置探究目标时，应考虑以下原则：（1）要有较大的学科价值，即达到中等以上的认知目标水平；（2）要符合学生的认知规律，即能促进学生对所学知识的理解和建构；（3）通过任务探究，要让学生理解知识背后的本原性问题；（4）通过任务探究，有助于

学生养成科学的思维方式和方法。

对于"碱的化学性质"这一学习内容，课程标准提出"认识酸、碱的主要性质和用途"，"认识"属于中等认知目标水平。反观人教版教材中对这一知识点的处理比较简单，教材中先复习二氧化碳和石灰水反应，然后直接给出二氧化碳和氢氧化钠反应的化学方程式，最后要求学生书写三氧化硫和氢氧化钠反应的化学方程式。可以想见，如按照教材进行教学，学生要达到"认识"这一目标水平，还是比较困难的。因此，上述案例中教师的选择是非常必要的。

在案例中，教师巧妙创设问题任务情境，使学生产生认知冲突，激发学生的探究兴趣和欲望。在设计实验阶段，由于学生在先前的学习中已接触了多种探究气压变化的实验方法和装置，也了解了溶液的酸碱性和指示剂、碳酸钠能与稀盐酸反应等知识，因此在小组讨论、教师点拨之后，实验方案的得出应是水到渠成之事。教师正是基于学生已有的知识、经验和技能，利用探究方式帮助学生建构新知识，取得了满意的教学效果。在探究过程中，既发展了学生的发散性思维和创造性思维，又促进了学生科学思维方式的养成。

（二）重视并设计学生的自我评价和反思

【案例四】《二氧化碳制取的研究》（人教版化学初三上学期）教学片段

教师和学生一起探讨了确定气体发生装置和收集装置的因素，然后学生设计了多套制取二氧化碳的装置，教师未做评价，也未对实验步骤和注意点予以说明，而是

直接让学生利用自己设计的装置来制取气体。实验结束后，教师要求学生评价制取装置、反思实验过程。学生非常踊跃，有的谈到了各套装置的优缺点，有的讲到由于未检查装置气密性导致实验失败，还有的提到长颈漏斗下端管口要伸到液面以下。

对于本课题的教学，教师习惯在学生设计二氧化碳的制取装置后，直接要求学生评价装置的优缺点，由于学生缺乏体验，评价不到要点，还需要教师讲授。之后，教师会介绍实验步骤和注意点，然后学生动手实验。本案例中，教师反其道而行之，先让学生利用自己设计的装置进行实验，给学生充分思考和体验的机会。学生在使用装置的过程中会体悟到装置的优缺点；随着实验的进行，学生会自发地思考实验步骤以及验满方法；学生在实验过程中可能会失败，分析失败原因会让学生更深刻认识到实验中的一些注意点。在这样开放自由的探究氛围中，学生在实验结束后肯定有很多感受急于倾诉，此时进行反思与评价会精彩纷呈。

要发展学生的自我评价和自我反思能力，教师要做到以下几点：

一是认识到反思与评价的重要性。反思与评价是指学生在科学探究过程中对自己的探究过程、探究结果进行反省和深层次的思考，吸取好的做法和经验，并对其中出现的问题进一步思考解决办法，对已进行的科学探究进行评价、改进和完善。学生进行反思与评价，可以提升学生对知识内在联系的认识，对科学方法的运用更合理和科学，更清楚地理解科学探究过程，为培养学生的创造力和科学素养提供平台。因此教师一定要充分认识到反思和评价的重要性。

二是做好反思和评价的教学设计。学生的自我评价和自我反思，需要教师进行教学设计。比如设计反思和评价环节，教师要敢于"留白"，不能一讲到底，在课堂教学中为学生留出适切的时空进行交流和思考。再如设计探究过程，教师要让学生经历具身学习，在实践中体验、感悟，鼓励学生对自己的探究过程进行反思与评价，教师再对学生的评价给予肯定。最后要给予适当的方法指导，比如设计和使用评价量表，促使学生更快地提高评价能力。

[本文系江苏省第十四期教研课题"基于化学学科理解的初中化学教学设计研究"（编号：2019JY14-L95）以及无锡市教育科学"十四五"规划课题"双减背景下初中学科任务驱动性教学的实践研究"（编号：wx/2022/YBLXO301-05996）的阶段性成果。]

【作者简介】王东，男，江苏省无锡市水秀中学教师，高级教师，无锡市初中化学学科带头人。

参考文献

[1] 中华人民共和国教育部.义务教育化学课程标准（2022年版）[M].北京：北京师范大学出版社，2022.

[2] 王东."建构主义"在化学教学实践中的应用研究[J].中学化学教学参考，2008（9）：16—17.